CHARLES
VERLAG

Manuela Thoma-Adofo

Frauen über 50 – Ganz SCHÖN alt

Roman

CHARLES VERLAG

Thoma-Adofo, Manuela: Frauen über 50. Ganz SCHÖN alt.
Charles Verlag, 2021

1. Auflage 2021
ISBN: 978-3-948486-48-8

Dieses Buch ist auch als eBook erhältlich und kann über den Handel oder den Verlag bezogen werden.
ePub-eBook: ISBN 978-3-948486-50-1

Lektorat: Martin Blath
Umschlaggestaltung: © Annelie Lamers, Hamburg
Umschlagmotiv: © Annelie Lamers, Hamburg

Bibliografische Information der Deutschen Nationalbibliothek:
Die Deutsche Nationalbibliothek verzeichnet diese Publikation in der Deutschen Nationalbibliografie; detaillierte bibliografische Daten sind im Internet über https://dnb.d-nb.de abrufbar.

Der Charles Verlag ist ein Imprint der Bedey & Thoms Media GmbH,
Hermannstal 119k, 22119 Hamburg

---

www.charlesverlag.de
Gedruckt in Deutschland

Inhalt

Die Leiden der jungen M. oder der Beginn der Diät

Ich fühl mich fett und auch ganz kläglich,
bin heut mir selber unerträglich.
Ich schwabbel hier und fühl mich welk.
Es knarzt und knackt in dem Gebälk.
Bin frustig, launisch, fühl mich klein.
Dann hilft nur eins,
ich trink 'nen Wein.

Ist dann der Jammer nicht vorbei,
dann werden's mehr, vielleicht auch drei.
Denn Alkohol mich heiter stimmt
oder frustriert, wie man's halt nimmt.
Bin träge dann und fühl mich schlapper,
dann hilft nur eins, der Griff zum Grappa.

Erfasst mich nun der Schönheitswahn,
schau ich mal nach der Murmelbahn.
Denn nichts die Stimmung mir versaut,
wie Schenkel mit Orangenhaut.
Und wenn nix mehr zu retten ist,
dann hilft's, wenn man Nutella frisst.

Nun bin ich blau und mir ist schlecht.
Ich mach mir grade gar nichts recht.
Wollt ich nicht heut' beginn' mit Fasten?
Ans Wunschgewicht heran mich tasten?
Doch im Gefrierfach – so ein Scheiß!

Find ich noch ein Vanilleeis.
Jetzt ist mir auch noch grässlich kalt.
Es hilft heut nix, ich fühl mich alt.

Doch morgen, ja, da fang ich an.
Mit Laufband, Hanteln und sodann
schlaf lächelnd ein. Und mir ist klar,
dann wird nichts sein, wie's vorher war.
Dann werd ich fit und drall und knackig.
Den ganzen Tag am liebsten nackig.

Und sollt es wieder anders sein,
dann macht das nichts,
ich hab noch Wein.

aus »33 Grausamkeiten – (Alp-)Träume für jedermann«

Vorwort

»Warte mal ab!«

Ein Satz, den man meist ungefragt, dafür aber außerordentlich häufig hört. Vor allem, wenn es ums Altern geht.

Und mit jedem »Warte mal ab« läuft es darauf hinaus, dass künftig alles viel, viel schlimmer wird.

Die Antwort?

Alles Käse! Warte nicht ab. Wenn die einzige Prognose ist, auf das Knacken deiner Gelenke zu warten, entgeht Dir nämlich ein ganzer wunderbarer Reifeprozess. Schlechtes erwarten, heißt Schlechtes empfangen. Und wenn man ganz genau hinhört, kann man den Sand im Getriebe auch schon hören, wenn da noch alles prickelnd im Saft steht.

Natürlich lassen sich viele unangenehme Dinge im Leben nicht verhindern. Mit denen setzen wir uns auseinander. Eben dann, wenn sie eintreffen und nicht dann, wenn irgendeine Frauenzeitschrift oder eine demoralisierende Nachbarin dieses heranwachsende Debakel prognostiziert.

Meine Erfahrung ist, wenn man aufhört, über Unnötiges zu jammern, hat man mehr Energie fürs Genießen. Und das geht eigentlich immer. Ohne abzuwarten.

Was kommt, das kommt und heute wird gelebt!

In diesem Buch möchte ich darüber berichten, dass mein Leben im Speziellen und das Leben von

Frauen um und über fünfzig im Allgemeinen überaus spannend und lebenswert ist. Geschichten aus der Perspektive Ü50. Immer augenzwinkernd, nie als Generalauftrag. Nimm mit, was Du für Dich verwenden kannst. Und vergiss nie:

Wann, wenn nicht jetzt?

Ist ja nicht so, dass ich mich drauf gefreut hab

Ansichtssache

– Alles halb so schlimm

Mit jugendlichen siebzehn Jahren ging ich davon aus, dass ich ab dreißig nur noch leben werde, um etwaige Kinder groß zu kriegen. Mindesten zwei, höchstens vier. Mit zweiunddreißig Jahren hatte ich dann zwei davon, stand am Ende meiner Ehe und wusste, wie es klingt, wenn Lebensträume platzen.

Da stand ich nun, zweiunddreißig Jahre alt, zwei kleine Kinder, kein Mann mehr und zu allem Überfluss auch noch das erste und zweite graue Haar. Mein inneres jugendliches Alter Ego schüttelte den Kopf und hakte mein Leben als erwartete Herbststimmung ab. Was sollte jetzt noch kommen? Lebensglück sah anders aus.

Also zumindest im Fernsehen.

Das Glück schien irgendwie Angst zu haben vor Frauen, die sich versehentlich in den Elternbeirat des Kindergartens haben wählen lassen und nun alleine im Jogginganzug auf dem Sofa sitzen, Sex and the City gucken und dabei einen 500-ml-Becher Häagen Dazs auslöffeln.

Aber kaum hatten meine Tochter und mein Sohn das Interesse an Steckdosen und anderen kleinkindlichen Gefährdungen verloren, bemerkte ich, dass es für mich immer noch außerordentlich viel zu entdecken gab.

Also verlängerte ich meine mental gesetzte Frist für fröhliches Leben vorerst bis auf Weiteres.

Ab vierzig ging es mir dann – entgegen der Prognose, die ich als Teenager hatte – unerwartet und überraschend prächtig.

Ich zog nicht in Sack und Asche, mit dritten Zähnen und Tena Lady im Schritt zum Sitztanz.

Ich überlegte, warum ich in jungen Jahren mein Ü50-Ego so schrecklich unweiblich und negativ gesehen hatte, aber es fiel mir nicht mehr ein.

Kann am Alter liegen oder einfach an der gewonnenen Erkenntnis, dass es völlig wurscht ist.

Da ich mich mittlerweile schon recht weit in meiner zweiten Lebenshälfte befinde, habe ich keine Zeit mehr für so unnötige Gedanken. Aus meiner heutigen Perspektive würde ich auch nicht gerne wieder siebzehn sein.

Wir sind also quitt.

Und die beste Entscheidung war, mir an meinem Ü40- und nun auch Ü50-Hintern vorbeigehen zu lassen, was andere Menschen über mich denken. Ich genieße jeden Tag mehr als den davor. Zumindest gebe ich mir hierbei größte Mühe. Und am besten gelingt es mir, wenn ich nicht darüber grübele, wie alt ich bin und ob ich mich entsprechend verhalte.

Ich bin jetzt selbstbewusster denn je, fühle mich sexy, interessant und bin – an den meisten Tagen – unfassbar zufrieden mit mir. Und ich bin über fünfzig! Hurra!

Wie gesagt, es war nicht immer so.

Also so, dass ich mit Hinblick auf mein Alter Hosianna singend aus dem Bett springe und mich in den

Alltag stürze. An schlechten Tagen dauert das Aus-dem-Bett-Springen heute tatsächlich deutlich länger als noch vor zehn oder zwanzig Jahren und Hosianna steht nur noch selten auf meiner Playlist.

Aber wenn ich erst mal draußen bin, habe ich Zeit, mich ausgiebig zu entfalten. Mein Gesicht. Meine Gelenke. Und nach einer Weile komme ich da an, wo ich sein mag. Ich bin zufrieden. Der Weg hierher – also nicht der aus dem Bett – war ein langer Prozess. Das Altern wird einem in der Regel nämlich stets mit Grausen präsentiert. Treppenlift. Krankheit. Verfall.

Das Lesevergnügen rutscht – folgt man den bösen Prognosen – von der Cosmopolitan über die Bäckerblume bis hin zum Sudoku der Apotheken Umschau.

Wer glaubt denn mit zwanzig daran, dass manche Dinge jenseits der vierzig, fünfzig oder auch sechzig viel besser sein können?

Das Genießen? Das Leben an sich? Der Sex? Und ganz einfach die allgemeine Zufriedenheit? Mit mir zufrieden zu sein, heißt nicht, dass ich mich jeden Tag wie Superwoman fühle. Mir schwindet im Alter ja nicht der Realitätssinn. Es heißt lediglich, dass ich mein Leben nicht an unmöglichen Wünschen oder anderer Leute Vorstellungen orientiere.

Kaum hatte ich diese Entscheidung für mich getroffen, rutschten Bäckerblume und Apotheken Umschau in weite Ferne. Und der Blick war frei auf ein geniales Leben als Frau über fünfzig.

Der große Schritt

– Dekaden-Wechsel

Große Dinge werfen ihre Schatten voraus. Bei großen Zahlen und runden Geburtstagen sind diese Schatten vermeintlich schon mal richtig finster.

»Wie lange hast du noch?«

Die Frage einer Bekannten klang so, als ob mir beim Gang zum Schafott nur noch wenige Meter blieben. Wie lange noch? Bis was? Bis ich anfange, meine Jahre rückwärts zu zählen, weil auf der anderen Seite die Zahlen kleiner werden?

Ich wollte mich nicht irremachen lassen. War ich doch über dieses »Altersding« ziemlich hinaus. Dachte ich. Und dennoch.

Wie lange hatte ich noch?

Es ist viel passiert in den vergangenen Jahren. Viele Menschen hatten mein Leben verlassen – im schlimmsten Fall sogar das ihre (nichts Besonderes, wenn man als Hospizhelferin tätig ist, sollte man meinen) und ein paar Menschen sind hinzugekommen.

Ich lebe mit Kind 1.0 und 2.0 in einem schönen Häuschen am Rande der Stadt und habe mein Familienleben vor einer Weile um eine Handvoll Menschen ergänzt.

Manche Dinge lassen sich ja nicht vermeiden. Sie lassen sich auch nicht ernsthaft verdrängen und lauern geradezu darauf, zu passieren. In diesem Fall, genau gesagt, über neunundvierzig Jahre lang.

Wenn jemand nach meinem Alter fragte, überlegte ich selten, ob ich nun lügen, aggressiv werden, lässig abwinken oder es einfach ignorieren sollte.

Es war für mich kein großes Thema.

Trotz aller Lässigkeit und dem Wissen, dass die Kerzen schon lange nicht mehr alle auf eine Torte passten, fühlte ich mich dieses Mal ein bisschen komisch.

Es würde mein fünfzigster Geburtstag sein.

Natürlich war mir klar, dass ich nicht über Nacht die Farbe wechseln würde oder schlagartig kratertiefe Falten ins Gesicht gemeißelt bekäme. Auch würde keiner kommen und aus Sicherheitsgründen die Absätze meiner Highheels abbrechen. Niemand würde unaufgefordert einen gut geölten Rollator in den Flur stellen.

Es war einfach nur so eine große Zahl. Fünfzig. Halbvoll oder halbleer? An den meisten Tagen war es mir wurscht, an schlechten war mir eher nach randvoll. Aber Prosecco und Cocktails halten den Lauf der Zeit ja nun nachweislich auch nicht auf.

Wie machten es denn die anderen?

Meine ältere Schwester ist locker rübergerutscht. Aber die machte auch Yoga.

Mein Bruder war schon nervöser. Vielleicht hätte er es auch mit Yoga versuchen sollen.

Mein Freund hatte fünf Monate vor mir diese Schallgrenze überschritten, ohne sich wesentlich zu verändern, und bei einigen Bekannten änderte sich das Geburtsdatum und somit das Alter ohnehin quasi wöchentlich. Hier waren Aussagen eher unzuverlässig.

Während ich meinen Gedanken nachging, breitete meine Tochter lachend ein schwarz-rot-goldenes Band vor mir auf dem Schreibtisch aus. Genau genommen war es kein Band, sondern eine Schärpe.

»Mama, du warst bei einer Miss-Germany-Wahl?«

»Tja ... Äh, ja. War ich!« Einen Moment überlegte ich, ob das nun rückwirkend meine Erziehung versaut, entschied mich aber dagegen. Die Wahl lag gute dreißig Jahre zurück. Das war Ausrede genug.

Tochterkind hatte das Relikt meiner Jugend im Keller gefunden. »3. Miss Germany 1986/87« war auf der Schärpe vermerkt. Lang, lang war's her.

Wir sprachen kurz über die damalige Zeit, über Misswahlen und wie es seinerzeit war.

Dass wir es heute immer noch nicht mit dem Weltfrieden hingekriegt haben, obwohl jede zweite Miss offensichtlich danach strebte, ließen wir aus.

Dann legte sie meine Schärpe zurück in den Keller.

Während ich noch meinen Erinnerungen nachhing und die dazwischenliegenden Jahre zählte, kam sie wieder zu mir und brachte mich auf eine Idee, die meine Perspektive völlig verschieben sollte.

»Die Wahl gibt es übrigens auch für Senioren.«

Hatte sie da wirklich Senioren gesagt? War es schon so weit? »Also, es gibt da die Wahl zur Miss 50 plus Germany. Ist derselbe Veranstalter. Wäre doch was für dich, oder?«

Ich zuckte mit den Schultern. War das was für mich? Ich recherchierte im Internet. Tatsächlich. Miss 50plus. Veranstaltet von der Miss Germany Corporation. Genau wie meine Misswahl damals. Zwischen einer Tasse Kaffee und einem Glas Prosecco reifte die

Idee. Nicht vor dem Unausweichlichen ausweichen, sondern es feiern. »Hurra, ich werde fünfzig!«

Nach einem weiteren Glas Prosecco konnte ich das schon beinahe laut sagen. Und es brauchte auch kein drittes mehr, bis ich das Formular ausgefüllt und die Bilder verschickt hatte. Ich würde daran teilnehmen. An der Wahl zur Miss 50plus Germany 2018. Party statt Panik!

Am 9. September war es dann soweit. Über Nacht verlor ich die Vier. Aber ansonsten verlor ich nichts. Selbstgebackener Kuchen, Umarmungen von meinen Lieben und das Happy Birthday-Gesinge klang genauso schräg wie in den Jahren zuvor. Sie würden es nicht mehr lernen, selbst wenn ich hundertzwanzig werden sollte.

Keiner nahm Maß oder pflanzte eine Eiche, um mir in naher Zukunft eine Holzkiste zu bauen. Keine plötzlich einsetzende Depression. Kein Hadern.

Wenige Wochen später erfuhr ich, dass ich bei der Endwahl zur Miss 50plus Germany dabei sein sollte.

Oha, brauchte es das nun noch? Ich hatte die Schallgrenze ja bereits ohne größere Schäden überstanden. Aber was soll's, ich hatte mich beworben, wurde eingeladen und würde meinen Geburtstag dann halt noch mal auf der Bühne feiern. Umgeben von lauter anderen Frauen meiner 50er-Liga.

In der Nacht zum 26. November wusste ich, dass ich alles richtig gemacht hatte. Und während das Krönchen neben der Sieger-Schärpe auf meinem Hotelnachtkästchen glitzerte, war ich mir sicher, dass es kein spannenderes Alter geben konnte. Herzlich Willkommen in den 50ern. Das fängt ja klasse an!

Es lässt sich nicht aufhalten

– Keine Chance

In Zeiten, in denen nahezu alles käuflich zu erwerben ist, könnte man fast meinen, man könnte mit genügend gutem Willen und einem ordentlichen Lottogewinn auch das Rad der Zeit ein bisschen manipulieren. Aber sobald man drüber nachdenkt, steht zweifellos fest: Vergiss es! Keinen einzigen Tag kannst du dir kaufen. Nicht eine Minute! Kauf dir lieber einen ordentlichen Chianti und stoße auf die Zeit an, die du noch hast.

Wir werden alt! Zack! Nun ist es raus.

Und es gibt kein Entkommen. Wir alle werden älter. Du, ich, Opa, die Kassiererin vom Edeka, die Queen und der Papst. Jeden Tag, vierundzwanzig Stunden. Unabhängig von Jahreszeit und Sonneneinstrahlung. Ob es uns passt oder nicht. Bei allem Geld, aller Macht, die man haben könnte, ist diese Tatsache nicht zu ändern. Also sollten wir eines tun: Wir sollten uns nicht an dieser Kleinigkeit aufhalten.

Älter werden ist eigentlich auch gar nicht so schlimm, denn wenn man Glück hat, steigt mit jedem Tag der Reifegrad. Und ab einem gewissen Reifegrad sind so unerhebliche Dinge wie die Nachteile des Alterns zunehmend wurscht.

Man arrangiert sich und nutzt seine Zeit für Wichtigeres. Ich zum Beispiel hörte auf, mich über das erste, zweite und dritte graue Haar zu grämen. Ganz einfach, weil das Zählen der grauen Haare zu viel Zeit einnahm und ich davon ja nun nicht mehr unbegrenzt viel hatte.

Ich ging in die Drogerie oder zum Friseur und schon war der Ansatz entgraut.

Andere wiederum stellen fest, dass graue Strähnen gar nicht so übel aussehen, die lassen dann auch das mit der Drogerie sein.

Ab einem gewissen Alter erkennt man den Sympathiefaktor in Lachfältchen und das Interessante in einem Gesicht, das vom Leben geprägt ist. Nicht aus Verzweiflung, sondern weil es ganz einfach so ist.

Der Begriff »vom Leben gezeichnet« sagt da schon richtig viel aus. Heute fühle ich mich geradezu ständig vom Leben gezeichnet.

An manchen Tagen ein weichgezeichnetes Werk von Monet, an anderen eher Picasso. Je nach Laune, Schlafstunden und Gesamtverfassung, aber nie eine leere Leinwand.

Ist es nicht so, dass, wenn es um Schönheit geht, der Begriff »schön« viel zu oft mit »jung« verwechselt wird?

Der Schönheitskult wird an dem Standard der Jugend gemessen. Man will dann also gar nicht bloß schön aussehen, sondern jung.

Reif sein und jung aussehen. Innen fünfzig, außen vierundzwanzig. Ein Spagat, der kaum hinzukriegen ist. Streichen wir das »kaum«. Es haut einfach nicht hin!

Jugendlich, der Spannkraft einer blühenden Birke und nicht der Trägheit einer Weide gleichen? Ist das nicht ein fulminant großer Blödsinn?

Mit zwanzig war ich Birke, jetzt tendiert das Bindegewebe eher in Richtung Weide. Es ist so und es bringt nix, wenn ich meine Zweige mithilfe eines versierten Gärtners nach oben stecken lasse. Dann sehe ich nämlich aus wie eine sehr, sehr eigenartige Weide. Nicht schön, nur eigenartig.

Und seitdem ich das begriffen habe, fühle ich mich erwachsen. Nicht alt, nur erwachsen. Und Erwachsensein ist ganz schön sexy.

An dieser Frau stimmt alles

– Und sonst? Na und!

Es gibt Sätze, die können einem den Tag versauen (»Das mit der Diät wird nix mehr, oder?«), Freundschaften beenden (»Ja, klar hatte ich was mit deinem Ex, aber da wart ihr schon eine Woche auseinander.«) oder das Leben kosten (»Nee, den Lottoschein habe ich diese Woche vergessen. Echt unsere Zahlen?«)

Und es gibt Sätze, die einem sagen, »Du brauchst für den Rest deines Lebens keinen Therapeuten mehr.«

Der Artikel erschien in der Zeitung »Die Welt«. Und er war über eine halbe Seite groß. In der Mitte prangte ein Foto von mir in Siegerpose.

Wie immer, wenn ich einen dieser Artikel über mich sah, befand ich mich in einem Dilemma. Zum einen war ich tatsächlich ein bisschen verschämt und irritiert ob der Aufmerksamkeit und zum anderen hätte ich gerne jeden Passanten mit einer Kopie des Magazins versorgt. Ganz einfach, damit er es nicht verpasst.

In dicken Lettern stand über diesem Artikel der Satz, der mein Ego auf Lebenszeit mit Adrenalin und Endorphinen versorgte: »*An dieser Frau stimmt einfach alles*«.

Und er stammte von Wolfgang Bosbach.

Bosbach gehörte zur Jury, die mich gewählt hatte. Er war Rechtsanwalt, Politiker und in fast jeder aktuellen TV-Show vertreten. Außerdem hatte er die

Misswahlen für sich entdeckt. Bei zahlreichen Jury-Teilnahmen hatte er wahrscheinlich mehr Frauen im Bikini gesehen als jeder Bademeister. Das heißt, der Mann hatte Ahnung.

»An dieser Frau stimmt einfach alles«, war das wirklich so? Ich wollte Bosbach ja nicht Lügen strafen oder Übertreibung unterstellen, und so nickte ich den Satz innerlich ab.

Bosbach hatte recht. An mir stimmt einfach alles.

Na ja, jedenfalls, wenn man es ganzheitlich betrachtet. Also nicht nur die positiven Seiten akzeptiert, sondern auch die Fehler und Schwachstellen als stimmig mit einbezieht.

Der Weg zu diesem Selbstbewusstsein war ja nun nicht gerade kurz und unsteinig. Über sich selbst zu behaupten, dass alles an einem stimme, klingt ja auf Anhieb reichlich überheblich.

Nobody is perfect. Und ich gleich mal gar nicht. Aber wenn es darum geht, dass ich mir selbst entspreche, passt es wieder. Ich bin unfassbar weit entfernt von jedem perfekten Ideal. Und noch viel weiter, um mich zu jeder Tages- und Nachtzeit für das Maß aller Dinge zu halten.

Auch wenn es mir nicht passt – mein Körper gibt sich der Schwerkraft und den Jahren hin. Na und?

Ich bin bei der Misswahl als Manu auf die Bühne gegangen und als Manu wieder runtergekommen. Jetzt allerdings mit Schärpe und Krönchen. Ansonsten hatte sich an mir nichts verändert. Ich wollte Spaß haben und hatte Spaß gehabt.

Um so wie auf dem Foto auszusehen, bedurfte es allerdings nicht nur eines Glätteeisens für die Haare.

Ich brauchte an diesem Abend neben meinem Make-up auch noch eine gehörige Portion von »Na und?!« im Gemüt.

Die Nacht vor der Veranstaltung hatte ich kaum geschlafen, weil ich ständig mit meiner kranken Freundin geschrieben oder telefoniert hatte. Na und?

Ich wurde vom extra eingeflogenen Haare- und Make-up-Team übersehen und schminkte mich in der Küche des Veranstaltungsortes selbst, während meine Tochter mich zum ersten Mal frisierte. Na und?

Und – oder gerade deswegen – trug ich dieses große »Na und?« in mir. Das hier war schließlich kein Welt entscheidendes NATO-Treffen. Jede von den Teilnehmerinnen hatte die gleiche Chance. Natürlich bis auf die, die permanent das »Ich-muss-das-Ding-hier-unbedingt-gewinnen«-Charisma ausstrahlten oder bei den Hobbys »Selfies machen« und »Poledancen« angaben. So etwas ging immer daneben. Es ging um Show, um Spaß und darum, mal der kleinen Rampensau, die hin und wieder in einem schlummert, Ausgang zu gewähren. Wenn ich hier als Letztplatzierte von der Bühne gegangen wäre, na und?

Und so erzählte ich kurz aus meinem Leben und meiner Tätigkeit als Hospizhelferin. Eigentlich kein Glamour-Thema, aber na und? Es machte mich doch aus.

Das Abendkleid, welches mir eine befreundete brasilianische Designerin auf den Leib geschneidert hatte, glitzerte wild und wirkte aufregender, als ich dachte.

Ich hatte es bei der Anprobe im Laden und beim Vorführen während eines Familienfestes meiner Mutter, meinen Geschwistern, Nichten und Neffen gezeigt. Alle fanden es toll und passend. Zu keinem Zeitpunkt war zu ahnen, dass es sich im Scheinwerferlicht quasi in ein transparentes, schwarz glänzendes Nichts verwandeln könnte, aber na und?

Einige Mitbewerberinnen stellten sich als überaus sympathisch heraus, zwei oder drei brachten mich zum Fremdschämen. Na und?

»Na und?« steht für mich dafür, mich nicht am Urteil anderer zu orientieren. Das klingt natürlich ein bisschen eigenartig, wenn man gerade von einer Bühne kommt, auf der man von einer mehrköpfigen Jury beurteilt wurde. Aber das Urteil hat ja an mir selbst nichts geändert.

Ich kann nur das darstellen und sein, was ich bin. Ich werde niemals die dreißigjährige, 1,60 Meter große, blondgelockte Diva sein.

Egal, wie sehr ich es mir wünschen könnte. Ganz einfach, weil es nicht geht! Wenn das mein Ziel wäre, gute Nacht! Dann hätte ich nämlich nie die Chance, mit mir und meinem Äußeren glücklich zu sein. Ich würde permanent einem Ideal hinterherjagen, das ich auf keiner Ebene erreichen kann.

Das Beste aus dem zu machen, was ich habe und bin, das ist das einzige Ziel, welches mich zufrieden machen kann. Und erst, wenn ich mit mir zufrieden bin, kann ich das auch ausstrahlen. Und das wiederum ist es, was schön macht.

Ein schönes Lachen oder Lächeln stellt für mich jedes noch so glatt gebügelte Gesicht in den Schatten. Es sind doch nicht die 90-60-90, die schön machen (auch hier würde ein Viertel Meter zwischen mir und dem Glück stehen).

Maße, Zahlen und Erwartungen machen in der Regel nicht glücklich. Sie schaffen Ansprüche, die andere an einen stellen. Ziele, die man selbst gar nicht hat.

Es ist nicht jedem gegeben, groß, schlank und langhaarig zu sein. Warum auch? Klein, weiblich und fröhlich ist doch mindestens genauso schön. Vielleicht nicht für die Werbung, sondern für den jeweiligen Menschen.

Glaubt wirklich irgendeine echte Frau, dass ihr Mann, ihre Kinder, ihr Umfeld sie lieber mag, wenn sie aussieht, wie die Topmodels aus den Magazinen? Abgesehen davon, dass die nach eigenen Angaben nach dem Aufstehen selbst nicht aussehen wie Superstars.

Man sollte sein Glück nicht in einer unerreichbaren Optik suchen. Es sei denn, man hat wirklich Spaß daran, Geld, Zeit, Energie und Freude zu verschwenden.

In diesem Sinne hatte Bosbach völlig recht.

»An dieser Frau stimmt einfach alles.« Und wenn nicht, dann *na und*?

Schöner geht nicht?

– Keine für alle – eine aus vielen

Generalisierungen sollten suspekt sein. Wenn von »der schönsten aller Frauen«, »dem stärksten aller Männer«, »der fürsorglichsten aller Mütter«, »dem klügsten aller Wissenschaftler« oder »der blondesten aller Blondinen« gesprochen wird, können faktisch gar nicht alle gemeint oder betroffen sein. Denn das, was Gruppen, Gruppierungen, Geschlechter und Gesinnungen eint, sind meist nur marginale »Gleichheiten«. Danach ist oft schon Schluss mit »alle«. Vor allem, wenn nicht wirklich jede Frau, jeder Mann, jede Mutter, jede Blondine und jeder Wissenschaftler auf dem Prüfstand war. Und dieser Fall ist sehr unwahrscheinlich.

Ein paar Tage nach der Wahl wurde ich zum Frühstücksfernsehen nach Berlin eingeladen. Livesendungen machen mich unfassbar nervös. Die halbe Nacht davor habe ich damit verbracht, mich zu der zu machen, die ich in der Sendung sein wollte. Ich habe meine immer dünner werdenden Haare in kleinen Strähnen aufgedreht. Mein Gesicht mit Peelings und Feuchtigkeitsmasken versorgt. Mir – warum auch immer – die Beine epiliert und mich darüber geärgert, dass ich nicht schlafen konnte.

Wie gesagt, Livesendungen regen mich unfassbar auf.

Als ich dann als schönste Frau über fünfzig angekündigt wurde, musste ich schlucken. Eigentlich war das doch Blödsinn.

Ich wurde lediglich aus den Frauen, die sich um den Titel beworben hatten, von einer Jury zur Besten gewählt. Also zur Besten oder auch Schönsten der Bewerberinnen. Klar schlug meine Eitelkeit am Abend der Wahl Räder, weil die Jury sich so einig war. Meinen 440 Punkten wurde auf Platz zwei und drei mit 180 und 170 Punkten gefolgt. So etwas streichelt das Ego ungemein. Aber letztendlich standen ja nicht alle Frauen über fünfzig zur Wahl, sondern eben nur wir Bewerberinnen. Tolle und schönere Frauen in diesem Alter gibt es Tausende und überall.

Nach Ansicht der Jury halt nicht an diesem Abend auf der Bühne, aber dennoch sonst überall.

Nun gut. Es kann und mag nicht jede Frau an allen möglichen Misswahlen teilnehmen, um festzustellen, dass an ihr alles viel besser ist, als sie an schlechten Tagen vermutet. Das ist auch völlig unnötig. Man muss nur an den richtigen Stellen über sich selbst lachen können. Und schon ist man aus dem Gröbsten raus. Wer sein Selbstbild aus den Frauenzeitschriften oder der Werbung nimmt, hat schlechte Karten.

Lange genug stand ich in diesem Bereich ja selbst vor der Kamera. Und zu sehen, wie viel im Vorfeld und später am Computer bearbeitet wird, stärkt nicht unbedingt mein Vertrauen in das, was ich dort sehe.

Nicht selten wird versucht, mit einem vierzehnjährigen Model in einem zusätzlich mit Photoshop bearbeiteten Bild eine Antifaltencreme anzupreisen. Dass ich in diesem Gesicht nicht eine einzige Falte erkenne, liegt natürlich nicht an der Creme, sondern an der Bildbearbeitung und juveniler Spannkraft.

Damit kann man sich als erwachsene Frau doch nicht vergleichen. Mein Gesicht hat hunderttausend Mal häufiger in Falten gelegen. Vor Lachen, Weinen, Grimassen schneiden, Schmerzen, Freude, Leben. Ich habe wenige Falten, okay. Aber jede meiner Falten habe ich mir verdient.

Wenn mir wurscht ist, was andere über mich denken, glättet das die Stirn ungemein. Und mit Neid ist es ähnlich. Neid und Missgunst kann man nicht unbegrenzt lange chirurgisch aus dem Gesicht straffen. Irgendwann kommt's durch und es ist immer ausnahmslos hässlich. Einfach mal loslassen, dem anderen gönnen, wenn nötig »ist mir egal« denken und sich an dem, was man hat, erfreuen. Schon spart man sich viel Geld für unnötige Operationen.

Denn echten Reiz macht in der Regel etwas ganz anderes aus als glatte Haut, volles Haar und die Panik, dass einem das Alter genau das nehmen könnte.

Die 50er sind die neuen 30er

– Oder auch nicht

Age is just a number. Oder: Kein noch so schlauer Spruch ändert das Datum in unserem Reisepass.

»Vierzig Jahre sind das Alter der Jugend – fünfzig ist die Jugend des Alters« So oder so ähnlich soll es Victor Hugo gesagt haben. Hugo war ein französischer Schriftsteller, der von 1802 bis 1885 lebte. Dass er auch für »Die Elenden« (Les Misérables) zuständig war, findet hier keinen Zusammenhang.

»Die Jugend des Alters« – Was soll das heißen? Dass ich mich nun, mit gerade fünfzig, als die jugendliche Krone der Senioren über neunzig bezeichnen darf? Ich bin der Youngster unter den Oldies?

Hallo? Schon mal einen siebzigjährigen Ausdauersportler gesehen, der mit sich und der Welt im Reinen ist? Der steckt doch jeden stubenhockenden Twen in die Tasche, wenn es um Körperbewusstsein, Lebensart, Charme und savoire vivre geht.

Jung sein ist doch auch mit Mitte siebzig möglich.

Und mancher Teenager vergreist doch schon, bevor er auch nur seine Zwanziger erreicht. Gut, es lässt sich nicht leugnen, dass rein faktisch eine niedrigere Anzahl an Lebensjahren als »jung« gilt. Ein niedrigerer Geburtsjahrgang hingegen nicht. Aber so wollen wir »jung« hier doch gar nicht definieren.

Heute heißt es: »Die Fünfziger sind die neuen Vierziger oder sogar Dreißiger«, was ich für Quatsch halte.

Warum zum Teufel soll ich mich als fünfzigjährige Frau irgendwie an den Dreißigern orientieren? Hallo?

Die Dreißiger habe ich doch schon lange und in vollem Umfang stolz und unbeweint hinter mir gelassen.

Ich habe sie ge- und erlebt, genossen, begossen, erlitten, gefeiert, abgeschlossen und hinter mich gebracht.

Kaum einen Fehler, den ich in meinen Dreißigern gemacht habe, würde ich heute wiederholen wollen.

Was die guten Dinge aus den Dreißigern angeht, praktiziere ich sie natürlich immer noch. Aber eben perfektioniert und gereift. So, wie es mir heute entspricht.

Was meine Physis angeht, mag es sein, dass das Bindegewebe nicht mehr jeden Scherz mitmacht. Die Schwerkraft wirkt auf Körperteile und es wird nicht witziger, dagegen anzugehen. Mein Körper fühlt sich weicher an und sieht weicher aus. Aber weich ist schön und außerdem weiß ich heute um Welten besser, was ich mit meinem Körper machen und anstellen kann.

Als Teenager konnte ich drei Nächte hintereinander durchmachen und brauchte nur eine Cola und ein Mittags-Nickerchen, um mein Gleichgewicht wieder ins Lot zu bringen. Das geht heute natürlich nicht mehr so leicht.

Meine Verfassung ist, nach einer Nacht ohne Schlaf und mit zu lauter Musik, für mindestens einen Tag lang nachtragend. Dafür kann ich weit besser erkennen, ob es sich lohnt, eine Nacht durchzumachen und mein Musikgeschmack ist definierter. Warum soll ich mich heute jünger fühlen, als ich es bin?

Für mich sind die neuen Fünfziger die neuen Fünfziger. Und sie haben die Möglichkeit, die besten Fünfziger zu sein, die sie sein können.

Die Mathematik des Alterns

– Und wenn ich einfach sage, ich wäre vierzig?

Im Alter können wir vieles geschickter machen. Zum Beispiel können wir uns geschickter selbst in die Tasche lügen, wenn wir wollen. Aber wir können uns dann auch ehrlich darüber kaputtlachen und akzeptieren, dass sich so manches geändert hat. Also in der Regel zumindest.

Verbal an seinem Alter herum zu manipulieren, macht uns genauso wenig jünger, wie uns die Behauptung, wir seien stinkreiche Adelsträger, wohlhabend macht. Es sei denn, wir sind tatsächlich stinkreiche Adelsträger, aber auch dann sollte man so etwas besser unerwähnt lassen. Denn es ändert gar nichts! Außer, dass es eine stetig ansteigende Fallhöhe schafft, wenn das wahre Alter irgendwann rauskommt. Geburtsdatum und Alter befinden sich ja permanent in einer Korrelation, was die Dinge eigentlich einfach macht.

Außerdem, sich mit Zahlen aufzuhalten, war schon zu Schulzeiten keines meiner Hobbys. Ich hasste Mathematik. Benotet oder auch nicht.

In den Modelagenturen, für die ich gearbeitet habe, wurden früher prinzipiell ein paar Lebensjahre unterschlagen, wenn mal die Zwanzig überschritten war.

Auf meine Frage, warum ich denn nun erst neunzehn sein solle, obwohl ich doch schon zweiundzwanzig sei, hieß es, dass jeder sowieso davon ausgehe, dass man drei Jahre älter sei, als man angebe.

Das heißt, wenn sie die drei Jahre nicht abzögen, würde der Kunde glauben, ich sei sogar schon fünfundzwanzig Jahre alt.

Eine Logik, die ich schon damals nicht wirklich verstand.

Einmal fiel mir diese Denke sogar übel ins Genick. Das war bei einem Videocasting.

Der Caster hinter der Kamera schaute auf den Datenbogen meiner Agentur und fragte völlig lapidar nach meinem Geburtstag.

Ich bekam einen leichten Schweißausbruch. Sollte ich nun ehrliche zweiundzwanzig sein, erlogene neunzehn oder geschätzte fünfundzwanzig?

»Ich bin neunzehn«, stammelte ich. Es war mir peinlich. Ich lüge nicht gern. Aber ich konnte meiner Agentin auch nicht in den Rücken fallen.

»Ja, ich weiß, aber ich brauche dein Geburtsdatum.«

Mist! In dem Moment war ich so verwirrt, dass ich nicht wusste, ob das denn nun der 9. September 1970 sein sollte oder 1964.

»Äh, 9. September 1967.« Das war die Wahrheit.

Er sah mich kurz an, wie man eine Idiotin anschaut, als die ich mich soeben geoutet hatte, und ich erntete nichts als ein leichtes Kopfschütteln.

Ich wurde übrigens trotzdem für den Job gewählt. Letztendlich kam es wohl doch nicht aufs Alter an. Peinlich ist mir dieser Moment dennoch bis heute.

Aber es geht noch besser.

In meinem Bekanntenkreis gibt es eine Dame, nennen wir sie Petra, die bei jedem unserer Zusammentreffen ungefragt ein anderes Alter nennt.

Nicht, dass sie das müsste oder moderat mit einem einzigen modifizierten Jahrgang vor sich hin lebt. Nein! Sie wird jedes Mal jünger. Und das nicht nur bei mir, sondern in unserem gesamten Umfeld.

Nun ist es so, dass ich sie und ihre Familie schon gute fünfzehn Jahre kenne. Damals, beim ersten Zusammentreffen, war ihre Tochter gerade Mal acht Jahre jünger als ich. Also in Zahlen: siebenundzwanzig Jahre alt. Ich war dementsprechend fünfunddreißig und meine Bekannte gab ihr Alter mit dreiundvierzig an.

Ja, gut. Manche bekommen früh Kinder. Blöd nur, wenn im Wohnzimmer eine Geburtstagskarte mit Gratulationen zum fünfzigsten Geburtstag herumfliegt. Noch blöder, wenn diese Karte auch schon ein paar Jahre älter ist.

Nun möchte ich hier nicht kleinlich sein. Es ist ja nicht mein Leben. So lange sie selbst noch weiß, wie alt sie ist, soll es passen.

Als irgendwann diverse »Alter« für die betreffende Dame kursierten, versuchte ich selbst noch mal, nachzurechnen. Rasch gab ich auf.

Mathe war, wie gesagt, schon im Gymnasium nicht meins und das Rechnen mit Unbekannten gleich gar nicht. Außerdem irre ich mich vielleicht ja auch.

Manche Menschenjahre haben halt fünfzehn bis achtzehn Monate, wer weiß?

Da konnte es natürlich schon mal passieren, dass man andere Leute in Altersfragen überholte. Dann halt in die falsche Richtung.

Ich mag die Frau unabhängig von irgendwelchen Zahlen und überlege, ob es vielleicht besser ist, sie auf den Umstand hinzuweisen, dass das Altersding – wenn schon nicht lächerlich – aber ganz schön unglaubwürdig ist.

Es tut mir leid, wenn andere hinter ihrem Rücken über ihr Altersproblem lachen. Das kann sie auch selbst nicht wollen. Dessen bin ich mir sicher.

Also kommt der Moment, als ich sie unter vier Augen darauf anspreche, dass es bald besser wäre, ein falsches Alter nicht zu proklamieren und auf direkte Nachfragen vielleicht mit einem erwachsenen Lächeln zu reagieren.

Ihre Gesichtszüge erstarren.

Also zumindest jene, die sich nach der ein oder anderen chirurgischen Modifikation noch bewegen können.

Dann verweist sie mich ihres Hauses.

Einige Wochen später schreibe ich ihr, dass ich sie nicht verletzen wollte. Mit den Jahren hätte ich lediglich gelernt, eine ehrliche, erwachsene Meinung zu schätzen und würde mir wünschen, wenn sie meine Worte als solche akzeptieren könne.

Kann sie nicht.

Zu sehr hat sie offenbar diese eigenartige Angst vor ihrem Alter. Ein Leben mit einer sich stetig ändernden Lüge scheint ihr angenehmer zu sein.

Liebe Petra. Es ist egal, wie lange du lächelnd behauptest, zwanzig oder bald dreißig Jahre jünger zu sein. Wir landen mit siebzig nicht wieder im gebärfähigen Alter oder in der Pubertät – egal, wie dick wir das Tipp-Ex in unserem Reisepass auftragen.

Es tut mir leid, dass dir diese Zahl so wichtig ist. Du bist ein wunderbarer Mensch mit fünfzig, sechzig oder fünfundsiebzig.

Eins noch: Ich hoffe darauf, dass du spätestens, wenn deine Tochter dich im Alter überholt, selbst herzhaft über dich lachen kannst. Einfach als erwachsene, reife Frau.

Es ist noch alles drin

– Wenn nicht jetzt, wann dann?

Ja, okay, es ist unmöglich, in meinem Alter noch Kinderstar zu werden. Dafür ist es definitiv zu spät.

Aber das sollte ja auch nicht das Bestreben sein. Die Kindheit ist rum. Die Jugend ebenfalls.

Aber ansonsten heißt das gar nichts. Uns stehen ja im Hier und Jetzt noch alle Möglichkeiten offen.

Helga, Christine und Erika träumen davon, als Weltmeisterin in Triathlon, Tennis oder Fallschirmspringen auf dem Treppchen zu stehen?

Warum nicht?

Wenn es nicht gleich der generelle Triumph über alle anderen Geschlechtsgenossinnen sein muss, gibt es fast für jede Altersklasse die Möglichkeit, ganz vorne zu sein.

Ich spiele in der Liga der Ü50er. Das heißt, ich kann die beste alleinerziehende, links händische, genetisch gemischte Schriftstellerin über fünfzig werden. Sofern ich – als genetisch gemischte, alleinerziehende Linkshänderin über fünfzig – eben das Zeug, Glück und Talent dazu habe.

Einen Jugendbuch-Preis für Gymnasiasten werde ich aber nicht mehr gewinnen.

Am 1. September 2018 feierte Monika Schneider aus Bayern zum Beispiel ihre Ironman-Goldmedaille im Triathlon.

Monika gewann die fast zwei Kilometer Schwimmen, neunzig Kilometer Radfahren und einundzwanzig Kilometer Laufen mit einer fantastischen Zeit von fünf Stunden und zwanzig Minuten.

Die zierliche, nur 1,58 Meter kleine quirlige Frau mit den kurzen Haaren war zu diesem Zeitpunkt sechsundfünfzig Jahre alt und stellte in ihrer Altersklasse alle in den Schatten.

Mich beeindruckt ein solches sportliches Talent ungemein. Würde ich doch zum Radfahren und Laufen gar nicht erst kommen, da ich als Nichtschwimmerin schon nach den ersten fünfzig Metern bewusstlos aus dem Wasser gezogen werden würde.

Monika hätte aus vielerlei Gründen scheitern können.

Was, wenn sie zum Beispiel gesagt hätte »Ich bin zu klein, um mit den großen Läuferinnen mitzuhalten«? Oder »Ich bin zu alt«? »Das Klima ist nichts für mich« oder »Mein Rad ist nicht konkurrenzfähig«?

Hat sie aber nicht.

Nur zwei Jahre zuvor hat sie ihren ersten Triathlon absolviert und dann einfach weitergemacht. Gelaufen, geradelt und geschwommen. Mit dem Ziel, ganz einfach so gut zu sein, wie sie eben konnte.

Auf die Frage nach ihren weiteren Zielen sagt sie lachend: »Fit und gesund bleiben. Und bei weiteren großen Wettkämpfen dabei sein.«

Wenn ich so was höre, bin ich ganz schön stolz, Frau zu sein.

Es muss kein Triathlon sein und auch keine Weltmeisterschaft, aber irgendwas sollte schon noch vor uns liegen.

Natürlich kann man nun anfangen zu rechnen. Und pessimistisch betrachtet, kommen wir dann zu dem Schluss, dass der größte Teil unserer Zeit bereits hinter uns liegt. Es sei denn, dass wir deutlich über die hundert kommen, was eher unwahrscheinlich ist.

Und dann?

Stift aus der Hand legen und warten, bis das Ende naht?

Das ist doch Blödsinn. Nur weil sich mein augenblicklicher Lebensmoment näher an der Ziel- als an der Startlinie befindet, ist mein Leben doch nicht vorbei.

Ganz im Gegenteil. Jetzt beginnt die Zeit, in der man nach allen Fehlversuchen, die das Leben so mit sich bringt, erst recht etwas auf die Beine stellen kann. Ganz nach dem Motto: »Wann, wenn nicht jetzt?«

Ja, klar. Wir sind nicht unsterblich. Diese Tatsache mag nun nicht gerade zur Erheiterung beitragen, aber sie hilft letztendlich bei der Gestaltung der Zeit, die noch vor uns liegt. Es ist Schluss damit, Zeit mit Dingen zu verplempern, die uns im Leben aufhalten oder ausbremsen. Und da das Leben recht unzuverlässig hinsichtlich seiner individuellen Gesamtlänge ist, wird auch nichts mehr verschoben.

Wir können ziemlich genau alle Ziele erreichen, die nicht explizit an ein Alter gebunden sind, welches schon hinter uns liegt. Und natürlich sollte man auch dem Talent nicht ganz abgeneigt sein. Wie gesagt, ich kann kein Kinderstar mehr werden, aber wer hindert mich denn daran, heute noch mit Schauspielen, Singen oder Sport anzufangen?

Mein Alter steht mir nicht im Weg.

Wenn ich keine gute Sängerin werde, liegt auch das nicht an meinem Alter, sondern daran, dass dieses Talent still und leise an mir vorbeigeschritten ist. Für den Hausgebrauch reicht es, das ist mir Erfolg genug.

Das Erreichen von Lebenszielen erfordert immer ein bisschen Mut, eine Prise Konsequenz und auch Entscheidungsfreude, aber es lohnt sich. Ohne Ziel dümpelt auch noch der stolzeste Kahn orientierungslos vor sich hin.

Sollte das Ziel – wie zum Beispiel bei der Triathletin Monika Schneider – eine WM sein, kostet es viel Mühe, Anstrengung, Energie, Sportsgeist und einen eisernen Willen. Aber es ist nicht unmöglich.

Wer seine Ziele allerdings gar nicht erst stecken will, der kneift schon im Vorfeld. Denn es gibt viele Gründe, Dinge nicht zu schaffen. Das Alter bietet sich in diesen Fällen viel zu gut an, selbst wenn es mit dem herbeigeredeten Scheitern eigentlich gar nichts zu tun hat.

Zu spät ist es für gar nichts

– Angst vor Veränderungen

Eine ganz wunderbare Ausrede, um sich vor Veränderungen zu drücken, lautet: »Es ist zu spät.« Oder gerne auch: »Das lohnt sich nicht mehr.«

Egal, ob es um Fitness, eine Therapie, Heirat oder Scheidung geht: Veränderungen machen Angst. Also meistens. Wer aber brav alles so lässt, wie es ist, obwohl er oder sie weiß, dass es sich um ein blankes Aussitzen handelt, der schießt sich ins eigene Knie. Ganz langsam und leise zwar, aber in der Auswirkung doch absolut hinderlich.

»Was kann ich schon ändern?«

Hallo? Es ist dein Leben. Wenn du nichts änderst, ändert sich nichts. Alles bleibt, wie es ist. Und wenn dein jetziger Zustand der einer unglücklichen, unzufriedenen, unbefriedigten Frau ist, wird sich daran auch ganz sicher nichts ändern, wenn du nicht langsam mal den Hintern hochkriegst.

Veränderungen lohnen sich. Natürlich ist es falsch, Kinder und Mann aus dem Haus zu werfen, den Hund ins Tierheim zu verfrachten und die Papageien im Park auszusetzen, bloß weil man mit sich unzufrieden ist. Diese Art von temporärem Glück zieht lediglich einen Rattenschwanz an weiteren Unzufriedenheit stiftenden Veränderungen hinter sich her.

Kein jugendlicher Liebhaber wird dich zu der dauerlächelnden Sexmaschine machen, wenn du das ganze Theater nur für ihn abziehst und dich in Wirklichkeit als nicht liebenswert und unsexy empfindest. Das will doch kein Mensch. Es gilt vielmehr herauszufinden, was einen unglücklich oder unzufrieden macht und dann entsprechend zu handeln.

Empfinde ich mich zum Beispiel als zu dick und kurzatmig, wird es nichts verändern, wenn ich mich frustriert mit einem weiteren Snickers aufs Sofa lege und jammere.

Natürlich gibt es echte Krankheiten, die ein Abnehmen erschweren. Aber es gibt noch viel mehr Ausreden, die uns mit einer Veränderung gar nicht erst beginnen lassen.

Wenn dich dein Mann vernachlässigt, im schlimmeren Fall vielleicht betrügt und im schlimmsten Falle schlägt, braucht es einen Richtungswechsel.

Es wird nämlich nichts besser, wenn du fröhlich weiter vor dich hin leidest.

Nun zu sagen, dass es sich nicht mehr lohnt, weil du ja schon über fünfzig bist, womöglich keinen anderen mehr abbekommst oder sich dann in deinem Umfeld zu viel ändert, ist hirnrissig und selbstzerstörerisch.

Viele erwachsene Frauen haben sich so sehr an die Hölle gewöhnt, dass sie den Eindruck haben, sie bräuchten es so heiß.

Und wir sollten es uns wert sein. Es unserem Leben schulden, das Beste daraus zu machen.

Eine Freundin, die unter gewaltbedingten Kindheits- und Jugendtraumata litt, lehnte therapeutische Unterstützung strikt ab.

Sie wusste dabei sehr wohl, dass jeder ihrer Tage von dem geprägt war, was sie in sich trug. Gedanklich überfuhr sie die Menschen, die ihr Schlimmstes angetan hatten, tagtäglich mit einem Panzer, aber in der realen Welt lächelte sie, als wäre nichts passiert.

Es lohne sich nicht mehr, meinte sie. Sie hätte es bis jetzt ausgehalten, dann werde sie auch den Rest schaffen. Was heißt das denn: »Den Rest schaffen«? Das kommt doch einem vorzeitigen Abschreiben des eigenen Lebens gleich. Und wenn man ehrlich zu sich ist, stellt man fest, dass es gar nicht darum geht, dass es sich »nicht lohnt«. Es ist vielmehr die Angst vor Veränderungen.

Angst davor, sich Dingen zu stellen. Oftmals sich selbst. Aber es lohnt sich. Für jeden einzelnen Tag, den man mit der neuen Variante von sich selbst lebt, lohnt es sich.

Ab fünfzig hat Frau noch eine Lebensdauer von über dreißig Jahren. Also mehr als dreißig Jahre an der Seite eines Menschen, den man verachtet oder vor dem man Angst hat – bloß, weil man nichts verändern will?

Mehr als dreißig Jahre jammern über meine Figur, nur, weil ich weiß, dass ich für eine Veränderung meine Komfortzone verlassen muss?

Mit Neurosen und Angstzuständen leben, weil sich eine Therapie »nicht lohnt«?

Mehr als dreißig Jahre auf die potenzielle Liebe meines Lebens verzichten, bloß, weil die Möglichkeit besteht, zu scheitern und nicht zu gefallen?

Dreißig Jahre sind doch keine Zeit, für die es sich nicht lohnt. Schon für eine Woche Lebensqualität lohnt sich eine Menge.

Was haben wir alles in der Zeit zwischen zehn und vierzig Jahren erlebt und gelernt?

Das sind auch dreißig Jahre. Haben uns unsere Entscheidungen nicht zu dem gemacht, was wir heute sind? Sitzen wir immer noch zu Hause bei Mutti, essen Kartoffelbrei mit Fischstäbchen und versuchen, unseren Kindergarten zu stürmen?

Das Leben ist Veränderung. Und weil das Leben mit fünfzig noch lange nicht vorbei ist, sollte man die Dinge in die Hand nehmen und verändern.

Mit all den Mitteln, die ich habe und allen Möglichkeiten, die mir gegeben sind. Niemand übernimmt das für mich.

Also Hintern hoch und mal kurz nachprüfen, ob wir mit dem, was ist, zufrieden sind. Wenn ja: gratuliere! Du hast alles im Griff und offenbar auch keine Veränderungen gescheut. Wenn nein: kein Problem! Es ist dein Leben, mach was draus!

Die Freundin, die ursprünglich eine Therapie verweigert hat, kämpfte sich in langer Arbeit mit einer Therapeutin durch alte Zeiten. Mittlerweile lebt sie mit einem neuen Partner als Übersetzerin glücklich in Südfrankreich und hat keine Fantasien von Panzern, mit denen sie böse Menschen überfährt.

Sie ist jetzt siebenundfünfzig Jahre alt und fühlt sich zum ersten Mal frei. Die Frage, ob es sich gelohnt hat, stellt sich für sie nicht mehr.

100 % Frau mit Höhen und Tiefen, auch jenseits der Orangenhaut

Und alle über einen Kamm

– Wer soll das denn sein?

Es gibt kaum etwas, das derart auseinanderklafft wie das Selbstbild und der Anspruch an eine erwachsene Frau. Das zu überprüfen ist leicht. Man stelle sich vor einen Zeitungskiosk und schaue sich an, was es dort gibt. Gibt es Männerzeitschriften mit dem Titel »Der Gerd«, »Helmut« oder »Bild des Mannes«? Nein, eher nicht.

Die Frauenzeitschriften sind in klare Sparten einzuteilen. Es gibt zum Beispiel solche, deren Preis unmittelbar Rückschlüsse auf den Inhalt ermöglicht.

»Das, was du hier zu sehen bekommst, ist bunt, schön und derart teuer, dass du es dir sicher nicht leisten kannst. Vielleicht deine schöne, junge Nachbarin mit dem tollen Haus, Mann, Auto. Du (!) aber eher nicht. Schauen darfst du trotzdem. Also kauf mich und leide!«

Dann gibt es die Zeitschriften, die dich scheinbar zum Sport-, Fitness- und Figur-Freak reifen lassen wollen. Auf dem Titel schon mal Frauen, die eine durchschnittlich trainierte Konfektionsgröße 38 in Depressionen treiben können. Innen dann Sporttipps, die bisher keiner, den ich kenne, länger als drei frustrierende Monate durchgehalten hat und Rezepte, die in einer durchschnittlichen Familie spätestens am pubertierenden Kind, aber noch eher am Aufwand scheitern.

Der Aufbau anderer Frauenzeitschrift zeigt noch deutlicher, wie absurd hier vorgegangen wird. Die Frau auf dem Titel ist schön.

Natürlich. Denn das soll sie ja sein. Schön und selbstbewusst und in der Regel schlank.

Auf den ersten Seiten, neben Werbung, jede Menge »Wir sind richtig/schön/gut so, wie wir sind!«. Dann folgen nicht selten Rezepte, die die ganze Familie glücklich machen. Als nächstes kommen Diäten, denn die beglückenden Rezepte haben sicher Spuren auf den Hüften hinterlassen, die dort nicht sein sollten. Denn dick, oder auch nur jenseits der Idealgrenze, ist nicht halb so schön, wie es auf den ersten Seiten aus Versehen propagiert wurde. Dann eine Prise Psychologie, die auf die Schwächen von Frauen hinweist und ihre Stärken untermauern soll. Und zu guter Letzt ein paar Hinweise auf Kosmetik und Verschönerungsmaßnahmen. Gerne auch über invasive Möglichkeiten. Welche Frau ist so? Welche will es sein? Wer kann und will sich das leisten?

Zu schön, um echt zu sein?

– Wo ist schon mal der Anästhesist?

Wenn Botox, Schönheitsoperationen und Hyaluronsäure das Ego unterstützen, ist das eigenartig genug. In der Natur liegt aber oft auch, anderen zu unterstellen, nachgeholfen zu haben. Nach dem Motto: Wer schöner ist als ich, ist operiert.

Dabei könnte alles so einfach sein, wenn das Ego akzeptieren würde, dass auch die Natur mal ein Geschenk macht. Mal einem selbst. Mal der Nachbarin.

»Wir finden, dass gerade Frauen wie du dazu stehen sollten, dass sie etwas an sich haben machen lassen. Wenn du dich öffentlich dazu bekennst, wo du gestrafft, geliftet oder operiert bist, dann machst du es uns Normalo-Frauen eindeutig leichter. Also mach mal einen Schritt voraus.« Diese E-Mail fand ich eines schönen Tages in meinem Postfach. Soweit danke für die Offenheit – aber es war an einen riesigen Verteiler gerichtet.

Äh, wer sind denn *Normalo-Frauen*? Potenziell sind wir alle doch gleich langweilig oder wild und verwegen. Aber egal.

Es war nicht das erste Mal, dass ich aufgefordert wurde, meine Haare aus dem Gesicht zu streichen oder mein T-Shirt zu lüften, um die Narben eines vermeintlichen Operateurs begutachten zu lassen.

Okay, mittlerweile überrascht es mich nicht mehr, wenn manche Frauen permanent damit beschäftigt sind, Fehler und Unzulänglichkeiten an sich zu suchen oder sogar zu finden. Noch lieber finden diese Menschen ja Fehler und Unzulänglichkeiten an anderen.

Wenn aber – sobald etwas über das eigene Maß hinausgeht – nicht nur das banale Leben für den Ist-Zustand verantwortlich sein darf, nervt das bisweilen.

Dass Cher nicht zu hundert Prozent Material an sich trägt, welches gottgegeben und selbst herangewachsen ist, scheint ihr kein Problem zu bereiten.

Sie steht dazu und es ist ihr Ding. Jeder, wie er will. Ich mag ihre Stimme, und wenn ihre Stimmbänder das Einzige sind, was sich an ihr noch natürlich bewegt, ist das nicht mein Problem.

Es ist nicht so, dass ich Schönheitsoperationen per se verteufele.

Es befinden sich sogar einige Schönheitschirurginnen und kosmetisch operierende Ärzte in meinem erweiterten Bekanntenkreis.

Da ist etwa die wunderbare Katharina Klaudia aus Immendingen. Sie rüstet nicht nur die auf, die sich für zu faltig halten, sondern macht auch noch Charity- Veranstaltungen.

Die eingenommenen Gelder kommen Frauen aus Kriegsgebieten zu, die Schönheitsoperationen nicht nur aus Spaß oder Eitelkeit durchführen lassen.

Und auch die Beauty Queen Eva-Maria mit ihrer Praxis in München gehört zu meinen Kontakten.

Beauty Queen deshalb, weil sie zum einen eben in Schönheitsdingen mit Skalpell und Spritze unterwegs ist und zum anderen, weil sie selbst eine Beauty

Queen ist. Eva-Maria sieht mit ihren langen blonden Haaren und ihrer zierlichen Gestalt so aus, als wäre sie als Prinzessin aus irgendeinem Disneyfilm gehüpft und würde jeden Morgen die 7:30-Uhr-Kürbis-Kutsche zur Arbeit nehmen.

Beide Frauen haben das Kürzel »Dr.« vor ihrem Namen. Das heißt, sie haben die Handhabung von Spritze und Skalpell nicht aus einem Youtube-Tutorial oder einem Wochenendkurs der VHS entnommen.

Und dennoch machen mir Schönheitsoperationen Angst. Was, wenn ich damit mal anfange und richtig in Fahrt komme? Nase stupsiger, Wangenknochen dominanter, Zähne verschalt und Brüste bis unter die Kieferknochen gezurrt. Was bleibt denn dann noch übrig von dieser bisweilen liebenswert verpeilten Schriftstellerin mit Hang zu grauem Ansatz und Brüsten, die sich nach Diäten Ikebana-technisch in ein D-Körbchen falten lassen?

Ein Bekannter von mir hat mal auf die Frage, was er von Drogen hält, Folgendes geantwortet:

»Habe ich nie probiert, ich habe Angst, dass es mir gefallen könnte oder ich gleich süchtig wäre.«

Und so halte ich es mit künstlichen Verschönerungsmaßnahmen.

Als ich meine Zähne habe richten lassen, ging es doch schon los. Achtzehn Monate transparente Schienen auf den Beißerchen formten mein Gebiss so, wie ich es mir gewünscht hatte. Und war ich jetzt vorbehaltlos glücklich?

Der fehlende Überbiss sorgte nämlich dafür, dass meine Oberlippe nun schmaler war als die untere. Selbst dieser harmlose zahntechnische Eingriff in die

Natur hatte also Folgen, mit denen ich nicht gerechnet hatte. Und was körperfremde Stoffe im Allgemeinen und Gifte im Speziellen angeht, habe ich einfach Angst.

Außerdem möchte ich, dass meine Kinder sehen, wenn ich sauer bin oder schlechte Laune habe. Und dafür brauche ich alle aktiven Gesichtsmuskeln.

Dass aber jede tolle Nase gleich von einem Chirurgen gemeißelt sein muss, ist schlichtweg Quatsch – geboren aus einem mangelnden Selbstbewusstsein.

Nach dem Motto: »*Wer schöner ist als ich, ist operiert.*« Nicht erst seit meiner Wahl sehe ich mich regelmäßig mit dieser Frage konfrontiert.

Was sollte ich diesen Frauen denn nun schreiben?

Ich ging verschiedene Optionen durch:

Ja, Asche auf mein Haupt. Ich habe offensichtlich bisher noch nicht lang, ausreichend und unaufgefordert genug herausgebrüllt, was an mir nicht natürlich gewachsen, gealtert oder dahingesiecht ist. Und ich als Frau habe geradezu die Pflicht, mich zu erniedrigen, zu offenbaren und Rede und Antwort zu stehen.

Okay. Dann halt hier mein Outing:

Ich bekenne, dass ich bis vor zwei Jahren alle drei bis vier Wochen in heimlichen Sitzungen meine Wimpern habe aufrüsten lassen. Iris, meine Wimpernfrau hier im Ort, ließ mich dafür immer inkognito mit angeklebtem Bart, Hut und Trenchcoat in ihr Studio. Damit es keiner merkt.

Dann natürlich meine Haare. Ja, es ist so, ich bin in dem Alter, in dem die Haare sich nicht mehr ausschließlich zu ihrer Ursprungsfarbe bekennen wollen. Also nicht unbedingt ansatzweise.

Und dann ... ich mag's kaum sagen: Dann färbe ich meinen Ansatz. Mal alleine heimlich im Bad, mal unter Inanspruchnahme eines professionellen, diskreten Coiffeurs.

Uff ..., jetzt bin ich aber froh, dass es raus ist.

Aber Achtung, es kommt noch schlimmer.

Manchmal! Trage! Ich! Extensions!

Kunsthaar, fein säuberlich reingewebt in meine eigenen Locken, damit mein Haar fülliger wirkt. Nicht geklebt, nur reingeflochten, damit der Rest nicht auch noch ausfällt.

Des Weiteren dekoriere ich meine Nägel – und weil ich vor Eitelkeit nur so dahinschmelze, gleich alle zwanzig mit UV-Lack! Verzeihlich? Ich hoffe doch!

Und nun der Klopfer: Ich war schon mal bei der Kryolipolyse. Das heißt so, weil dort mit Kälte (Kryo) die Fettzellen (Lipo) eingefroren und aufgelöst (Lyse) werden sollen.

Ich habe mir also die griffigen Reste, die mir nach den Geburten meiner Kinder unterhalb des Nabels geblieben sind, schockfrosten und physisch abbauen lassen. Ob es tatsächlich geholfen hat? Keine Ahnung. Ich hoffe doch, denn es war sauteuer.

Bewegung und Ernährung haben sicherlich auch ihr Übriges dazu getan. Aber darum geht es jetzt ja nicht.

Ansonsten wird es schwierig. Meine Oberweite habe ich meiner Mutter zu verdanken. Und die ist keine plastische Chirurgin, sondern kriegte das bei ihren Töchtern über die Gene hin. Wenn es nach mir ginge, hätten die Gene sich hier ruhig ein bisschen mehr zurückhalten können. Aber was soll's? Was da ist, ist da.

Die Haut an meinen Oberschenkeln ist an guten Tagen ausreichend spannkräftig, und an schlechten Tagen gibt sie mir Motivation, sie in Gedichten für meine Bücher zu thematisieren. Daran rumzudoktern führt meist nur dazu, dass sie wellig wird. Damit hätte ich ein größeres Problem. Also lieber dellig.

Das, und wie ich es vor ein paar Jahren dennoch mal auf eigene Faust probiert habe, erzähle ich euch später.

Vor vielen, vielen Jahren meinte eine Model-Agentur, ich müsste mir die Nase verkleinern lassen und den Busen ebenfalls. Ich habe die Agentur gewechselt, das war weniger invasiv und viel günstiger.

In einem Bayern3-Interview mit der bezaubernden Brigitte Theile konnte ich mir nicht verkneifen, immer mal wieder mein Gesicht zu verziehen.

So lange, bis Brigitte die Hörer darauf hinwies, dass sich bei mir tatsächlich noch alles bewegte und die Muskulatur in meinem Gesicht nicht durch Botox-Injektionen lahmgelegt wurde. Sie stimmte mir auch zu, dass ich nicht nackig durch jedermanns Vorgarten hüpfen müsste, um zu beweisen, dass auch mein Körper sich der Gravitation beugt. Und wir waren uns einig, dass, egal, womit ich unterstellte OPs widerlegen würde, immer wieder einer aufschreien und Stein und Bein schwören würde, dass ich chirurgisch rundum überholt wurde. In der Regel jemand, der mich nicht kennt und auch nie live gesehen hat.

Also, alles in allem ist das Outing nun leider eine Enttäuschung für den Menschen, der von umfangreichen Änderungsmaßnahmen an meinem Körper ausgeht. Oder es wird jetzt von Unterschlagung eines

Dauer-Abos beim Schönheitschirurgen ausgegangen. Da kann ich auch nicht weiterhelfen.

Ich habe kein Problem mit Leuten, die da kreativ einen Haufen Geld in die Hand nehmen und sich variantenreich neugestalten lassen. Ist ja nicht mein Körper.

Für mich viel wesentlicher ist das, was hinter der gebotoxten oder völlig natürlich gefalteten Stirn passiert. Und ob unter den Silikonkissen oder der Handvoll natürlichem Nix ein gutes Herz schlägt. Ansonsten ist es mir nämlich wurscht. Und es geht mich auch nichts an.

Geheimrezepte und Vorher-Nachher-Bilder

– Warum Geheimrezepte alles sind, bloß nicht geheim

Egal ob Marmorkuchen, Autopolitur, Lernerfolge oder Glück im Spiel. Allem und jedem wird ein Geheimrezept unterstellt. Selbst der alltäglichste Umstand kommt nicht ohne aus. Das Geheimrezept hinter allem ist der Schlüssel zum Glück. Und in der Regel ist es zweierlei: zum einen ganz sicher nicht geheim und zum anderen meist überhaupt nicht vorhanden.

Was ist das Geheimrezept deines guten Aussehens? Varianten der Frage beziehen sich auch gerne auf beruflichen Erfolg oder Liebesglück.

Und je spontaner diese Frage kommt, umso länger ist das »Äh ...«, mit dem ich meine Antwort hinauszögere.

Zähneputzen kann es nicht sein. Das macht in der Regel jeder. Haare kämmen, duschen, leidlich viel Sport und der eine oder andere Liter Wasser? Auch nicht der Brüller, wenn es um die Specials in Sachen Beauty geht.

Nachts nackt um ein Feuer aus brennenden Rosenbüschen tanzen? Baden in Eselsmilch? Auch das mache ich für gewöhnlich nie.

Und was Beautyprodukte angeht, die den Gegenwert eines Sportwagens haben, glaube ich nicht dran und kann und würde sie mir gar nicht leisten wollen.

Also, was soll ich sagen?

Wenn ich sage, ich mach nix, wird kopfschüttelnd davon ausgegangen, dass ich heimlich verbotene Mixturen bereite, die ich auf meinen ganzen Körper auftrage oder bei Vollmond aus Glasphiolen in den Rachen schütte.

Es ist echt teuflisch. Meine echten Schönheitsgewohnheiten sind einfach zu banal.

Aber zum Glück ploppen immer mal wieder entfernte Bekannte mit dem ultimativen Geheimhinweis aus dem Nichts auf.

»Du Manu, ich habe da den Wahnsinns-Erfolgstipp für dich. Die Firma vom Onkel des Mannes meiner Halbschwester vertreibt da ein Beautyprodukt, ohne das kommst du nicht aus! Ein Geheimrezept, das dich umhauen wird!«

Das klingt, als ob ich schon die Jahre seit meiner Pubertät genau auf diesen Moment gewartet haben müsste. Und sie vermittelt das Gefühl, dass ich gerade noch verhindern kann, mich in bröselnde Biomasse zu verwandeln, wenn ich nur exakt jetzt darauf eingehe.

Meine Erfahrung: Hinter jedem Andrehen von Dingen dieser Art steckt in der Regel entweder die Aussicht auf eine satte Provision oder direkt ein Werbevertrag.

Wie Pilze schießen sie aus dem Boden – die Vertreterinnen und Repräsentantinnen von Tralala-Kosmetik oder lebensverbessernden Pülverchen und Gels.

Häufig haben jene Pilze die Angewohnheit, gleich weiter nach Repräsentantinnen und Verteilern zu suchen. Je präsenter in den Medien, umso besser. Von Tag zu Tag wundert es mich mehr, wenn ich höre, wer nun zur Liga der neu akquirierten Vertreiberinnen gehört.

Und dann werde ich fröhlich von der Seite angeschrieben, wie es sein kann, dass ich noch nicht im Team bin. Ein bisschen beängstigend.

Was ich tun soll? Ganz einfach:

Ich soll Dinge vertreiben. Mal ist es ein Nahrungsergänzungsmittel, mal ein Beautyprodukt zum Auftragen oder Einnehmen und auch gerne mal ein Sportgerät. Alles natürlich Dinge, ohne deren bisherige Beteiligung an meinem Leben eigentlich kaum zu erklären ist, wie ich mich so gut halten konnte.

Manifestiert wird der Erfolg dieser Produkte gerne mit Vorher-Nachher-Bildern.

Das wird nicht erst dann unglaubwürdig, wenn es sich offensichtlich um das gleiche Bild handelt, bloß mal mit und mal ohne Bearbeitung. Wenn außer den Falten im Gesicht nichts verschwunden ist, also auch die Uhr im Hintergrund noch dieselbe Zeit anzeigt, das Shirt immer noch ungebügelt und jedes Haar am gleichen Fleck ist, äußere ich mich bisweilen schon zweifelnd.

Ich lasse mich halt ungern verscheißern. Und wenn jemand sich noch nicht mal Mühe gibt, sogar *exorbitant* ungern.

Nicht viel besser ist der Umstand, wenn mir Vorher-Nachher-Bilder gezeigt werden, ich die abgebildete Frau aber persönlich kenne. Und zwar in der ersten und zweiten Variante.

Noch nie (!) habe ich erkennen können, dass sich im »Nachher« tatsächlich irgendwas geändert hat. Also im realen Leben. Egal, wie nah ich rangehe.

Die Realität beinhaltet in der Regel keine Photoshop- oder Filter-Option. Ich sehe, was ich sehe. Basta!

Es knittert und knautscht oder hat es vorher schon nicht getan.

Der Gedanke, meinen Freunden irgendein Produkt anzudrehen, was meine Haut so knackig braun, meine Nägel so stark und meine Brüste so unfassbar spannkräftig gemacht haben soll, würde mich in einem Lachflash oder in tiefster Beschämung enden lassen.

Wie auch immer die Mittel heißen – nein, danke! Sollte mir allerdings tatsächlich mal ein Wundermittel unterkommen, welches dafür sorgt, dass ich über Nacht mein Teenager-Bindegewebe zurückbekäme, würde ich panisch die Nebenwirkungen abwarten, bevor ich es Menschen weiterempfehlen würde. Aber damit ist wohl nicht zu rechnen.

Also dann eben die langweilige Realität. Mein Beautygeheimnis ist: Kokosöl!

Damit schminke ich mich ab, creme ich mich nach dem Duschen ein und verwende es als Haarkur (Achtung, bei europäischem Haar kann das zu einem Fett-Desaster werden) und zum Massieren. Fertig!

Ach ja, und seit geraumer Zeit verwende ich ein Wimpernserum. Das hat mir mein Freund gekauft, nachdem ich eine Woche lang morgens mit Magnet-Wimpernbändern verzweifelt bin.

Nach sechs Wochen hat das Serum in der Tat derart angeschlagen und meine Wimpern aufgerüscht, dass ich nur noch tusche und nicht mehr zusätzlich klebe oder magnetisiere.

Kann ich empfehlen. Wenn auch nur unter Vorbehalt. Es enthält – wenn es wirken soll – meistens das

Hormon Prostaglandin. Also möge sich vorher informieren, wer es verwenden mag.

Und ja, das war es schon.

Und für die, die es nicht glauben wollen, okay:

Natürlich tanze ich nachts nackt um ein Feuer und singe dabei all die Namen der Produkte ab, die man mir bereits schon als kostenlose oder entgeltliche Werbung andrehen wollte. Das wirkt. Garantiert! Aber pssst! Es ist geheim!

Bei rechtem Licht …

– Nobody's perfect

Man kann so fest im Sattel sitzen, wie man will. Manchmal reicht eine 60-Watt-Lampe, um das eigene Ego mal kurz und nachhaltig zu erschüttern.

Mit mir zufrieden zu sein, bedeutet nicht, dass ich den ganzen Tag Handkuss werfend und mir zublinzelnd an jedem Spiegel vorbeilaufe. Meine Zufriedenheit bewahrt mich vor überheblicher Selbstzerfleischung über körperliche und seelische Gebrechen. Es bewahrt mich jedoch nicht vor Selbstkritik und einen offenen Blick. An weniger guten Tagen kann ich auch recht kritisch sein. Und an ganz miesen Tagen geradezu dämlich.

Wenn dann auch noch der falsche Einfluss von außen kommt, wird es spaßig. Zumindest im Rückblick.

Alle Jahre wieder ist es soweit.

So wie damals …

Der Sommer stand vor der Tür. Es war also Zeit, sich das ein oder andere Sommerteilchen zuzulegen. Kleid, Bluse, Rock, da bin ich flexibel. Gerne auch von allem etwas. Muss ja kein großer Name dran stehen. H&M reicht bei Lustkäufen völlig aus.

Kaum hatte ich mir ein paar Teile ausgesucht und erfolgreich die Umkleiden ausgemacht, fiel es mir wieder ein.

Ich hatte noch Hoffnung, die aber zerbröselte. Mehr noch: Sie löste sich im hochgradig unvorteilhaften und grellen Licht der Kabinen auf. Hier müssen wahrhafte Sadisten zu Werke gewesen sein. Bei der Auswahl der Beleuchtung haben sich garantiert ein paar Leute kichernd in die Rippen gestoßen und sich vorgestellt, wie kaufwillige Kundinnen jenseits des Teenageralters auf dem einzigen wackligen Hocker in Tränen ausbrechen.

Die Cellulite muss noch gar nicht das Ausmaß einer körpereigenen Murmelbahn angenommen haben. In der Kabine sieht es aber genauso aus. Jede Körperfalte, jede Unebenheit wird perfekt ausgeleuchtet.

Da ich mich allein genetisch und von Natur aus farblich von Mozzarella abhebe, könnte man meinen, ich hätte hier einen Platzvorteil. Aber das ist Quatsch. Meine Haut leuchtete in einem fahlen Oliv. Nix knackig braun. Nein, eher so gräulich wie Schnecken aussehen würden, wenn sie kein Haus hätten. Hier in den Umkleideräumen wird selbst ein royales Selbstbewusstsein auf Käsesemmel-Niveau zusammengestutzt. Während ich in Wäsche vor dem Spiegel stand und nur noch Produktionsfehler an meinem Körper entdeckte, glaubte ich in der Nachbarkabine jemanden weinen zu hören. Ich hatte Verständnis. Die Dame, die dort hineinging, war etwa eineinhalb Köpfe kleiner als ich, und das, was ihr an Farbe fehlte, empfand sie vielleicht an Gewicht zu viel.

Eigentlich sah sie ganz süß aus, aber nun stand sie sicher genau wie ich vor dem Spiegel des Grauens.

Ich wundere mich, dass man nicht täglich Schlagzeilen in den Zeitungen lesen kann, die das hier thematisieren:

»Depressionen nach Minuten in der Ankleide. Käuferin wollte sich am Vorhang strangulieren.«

Oder:

»Schreiend abgeführt. Kundin verletzte sich nach Sturz in den Spiegel.«

Eine Freundin sagte mir vor kurzem, dass sie seit ihrem dreißigsten Lebensjahr nur noch nach Katalogen oder online bestellte. Dann konnte sie in aller Ruhe, bei fröhlich machender, angenehmer Beleuchtung und einem Glas Wein, anprobieren.

Ich zog mich wieder an. Da pfiff ich doch auf den Sommer. Wenn ich bis jetzt auf ihn warten musste, konnte er nun auch darauf warten, bis Zalando lieferte. Oder ich würde künftig beim Shoppen einige Birnen in der Umkleide rausdrehen und ein paar Kerzen aufstellen. Dann bräuchte man nach Shopping-Tagen keinen Therapeuten.

Wenn Hochmut brennt

– Dämlichkeit darf auch mal wehtun

Tu es nicht! Tu es nicht! Tu es nicht!

Zu spät ...

Wie gesagt, dass ich zufrieden mit mir bin, bedeutet nicht, dass ich mich für makellos schön halte und mich vierundzwanzig Stunden am Tag fühle wie Superwoman. Ganz und gar nicht. Ein Mangel an unnötigen Selbstzweifeln heißt nicht, dass einem die Eitelkeit nicht doch mal ein Schnippchen schlägt. Und manchmal ist dieses Schnippchen überaus schmerzhaft und ein Beleg dafür, dass man bei aller Erfahrung auch einfach mal grottendämlich sein kann.

Es ist schon ein paar Jahre her. Nicht, dass ich mich damals mit den Werbebildern aus Hochglanzmagazinen verglichen hätte, nein, es hatte völlig gereicht, mich mit mir selbst zu vergleichen. Also mit dem früheren, dem jugendlichen Ich.

Der Tag war durchschnittlich gut gelaufen. Alle Arbeit getan, meinen Patienten im Altenheim ging es gut, die Kinder schliefen und im Fernsehen kam nichts, was mich interessierte.

So machte ich mich im Badezimmer fertig für die Nacht. Ich schaute in den Spiegel und war zufrieden mit der Frau, die mir da entgegenblickte. Dann schaute ich an mir herunter. Konnte es sein, dass die kleinen

Dellen an meinen Oberschenkeln an »klein« nachgelassen und an »Dellen« gewonnen hatten? Kritisch stellte ich mein Bein auf den Badewannenrand. Na ja, ist doch normal, dass die Spannkraft ein wenig nachlässt, dachte ich mir. Aber irgendwas bewog mich dazu, die Haut oberhalb meines rechten Knies unnötig zusammenzuschieben und zu knautschen. Doch! Eindeutig! Die Dellentiefe hatte zugenommen. Also zumindest, wenn ich ordentlich drückte. Und vor allem, wenn ich daran dachte, wie das Ganze noch vor zwanzig Jahren ausgesehen hatte.

Nun verfüge auch ich über dieses Engelchen rechte Schulter, Teufelchen links-Ding. Und während ich mir von rechts selbst ins Ohr geigte, dass ich noch wahrhaft fit und drall bin, kam von links ein permanentes »Dellen, Dellen, Dellen!«

Blöderweise hörte ich an diesem Abend auf dem linken Ohr viel besser als auf dem rechten. Und während ich mich mit meinem zusammengepressten Oberschenkel beschäftigte, fiel mir ein Artikel ein, den ich letztens irgendwo belacht hatte.

Arnikasalbe sollte helfen. Sie würde die Durchblutung anregen und abschwellend wirken. Und während ich meinen Badezimmerschrank nach Arnikasalbe durchsuchte, schubste das Teufelchen von links seinen Gegenspieler rechts mal fix von meiner Schulter und blies mir jedes Licht im Oberstübchen aus.

Wenn es mit Arnikasalbe ging, dann sicher auch mit jeder anderen durchblutungsfördernden Creme. Ich suchte und fand eine große Tube Rheumasalbe in meinem Schrank. Wofür ich die mal gekauft hatte, wusste ich nicht mehr. Vermutlich für genau diesen Moment.

Dass man das Zeug nicht großflächig anwenden sollte, ignorierte ich selbstverständlich. Waren zwei Oberschenkel denn großflächig? Nicht wirklich.

Und dass ich mich entschlossen hatte, meinen Hintern und Bauch gleich mit zu behandeln, ließ ich außen vor. Dort hatten sich sicherlich auch zwei, drei Dellen breitgemacht.

Es ging also darum, selbige mit der die Durchblutung anregenden und abschwellenden Salbe den Garaus zu machen.

Aber das reichte natürlich nicht. Was regt die Durchblutung zusätzlich an? In meinem Hirn tanzte die Eitelkeit Salsa.

Klar! Wechselduschen!

Bevor ich damit anfing, bearbeitete ich meinen Körper von oberhalb der Knie bis unterhalb meines Busens mit einem ordentlichen Peeling. Und als Gipfel der kompletten Hirnlosigkeit folgten zwei Minuten harter Wasserstrahl. Mal richtig heiß und dann wieder so kalt es eben ging.

Schon als ich die Dusche verließ, leuchtete ich in der bearbeiteten Region ordentlich rosa.

Dennoch, das sollte es ja nicht gewesen sein. Die Dellen versteckten sich bereits, aber das galt nicht.

Bevor ich in meinem Kampf gegen die Natur fortschritt, lief ich nochmal in die Küche. Alles, was ich tat, war ja noch steigerungsfähig. Vor allem der Blödsinn.

Dann zurück ins Bad. Ich drückte mir zwei lange glänzende Würste Rheumasalbe auf die Hände und begann, sie ordentlich vom Knie über den Hintern bis hoch zur Brust einzuarbeiten. Währenddessen sang ich vor mich hin und erfreute mich an meiner Gerissenheit, den Spuren des Alters entgegenzutreten.

Als ich fertig war, wusch ich meine Hände und ließ den Wahnsinn noch darin gipfeln, mich stramm mit Frischhaltefolie einzuwickeln. So stand ich wenige Momente später nackt vor dem Spiegel und begutachtete mein Werk. Irgendwie sah ich aus, als hätte ich einen Unfall mit einem gigantischen Kondom gehabt. Aber wenn's schön macht, sollte es eben so sein.

Ja, der Kampf gegen die Cellulite war aufgenommen und ich würde siegen. Dann schlüpfte ich in ein T-Shirt und einen Slip, zog meinen Bademantel über und wollte runter ins Wohnzimmer gehen, wo den Dellen während eines langweiligen Fernsehprogramms ein Ende bereitet werden sollte.

Ich war noch nicht ganz im Erdgeschoss angekommen, als ich den Bademantel in die Ecke warf und mich hektisch aus der Frischhaltefolie pellte. Dass meine Rosskur wirkt, hatte ich mir ja gewünscht. Dass es sich aber anfühlte, als hätte ich drei Stunden am Stück unter der Höhensonne verbracht, kam nun etwas unerwartet. Dreißig Sekunden nach der Frischhaltefolie lagen auch mein T-Shirt und der Rest der Unterwäsche auf dem Boden. Jede Berührung des dünnen Stoffes fühlte sich an wie ein Schlag mit der Drahtbürste. Nahezu sekündlich schien sich die Temperatur der Region über den Knien und unter dem Busen zu potenzieren. Nur drei Minuten nach Fertigstellung meines Beauty-Wraps stand ich eine Etage tiefer wieder nackt vor dem Spiegel. Licht brauchte ich kaum. Ich glühte auch so wie eine rote Diskoleuchte.

Ich fühlte mich, als stünde ich in Flammen. Und ich sah auch ein bisschen so aus.

Mit dem stärker werdenden Schmerz kam ganz langsam auch mein Hirn zurück. Selbst das Engelchen von der rechten Schulter krabbelte wieder an seinen Platz und staubte sich ab. Dann brüllte es mir ins Ohr:

»WIE KANNST DU NUR SO BLÖD SEIN?«

Von links vernahm ich quasi nur noch Gekicher und meine Mitte war Lava. Was sollte ich tun? Ich flitzte wieder ins Bad. Die Dusche stand noch von vorhin auf eiskalt. Aber jeder Wassertropfen verursachte neuen Schmerz. Sekunden später landeten mehrere Handtücher im Waschbecken. So schnell es ging, ließ ich eiskaltes Wasser einlaufen und legte abwechselnd ausgewrungene Handtücher auf die Regionen meines Flächenbrands. Ein Hauch von Besserung stellte sich ein. Allerdings nur dort, wo das Handtuch gerade lag. Sobald es wärmer wurde, musste ich es wechseln. Innerlich begann ich nun auszukühlen, während die Oberfläche meines Körpers vor sich hin brutzelte. Ein denkbar schlechter Zustand, denn mein Kreislauf dankte mir das Ganze mit Schwindelanfällen, und brennend, wie ich war, begann ich zu zittern.

Meine Höllenkur brannte mir nicht nur die Dellen aus dem Gewebe, nein, ich hatte das Gefühl, dass da bald gar kein Gewebe mehr war. Konnte eine Rheumasalbe derartige Schmerzen verursachen? Ja, konnte sie! Vor allem, wenn man die Durchblutung im Vorfeld durch jede verfügbare Methode noch angeheizt hatte.

Mein Kreislauf geriet weiterhin zunehmend ins Wanken und ich überlegte, ob ich den Notarzt rufen sollte. Meine Kinder wollte ich nicht wecken. Zum einen hätten sie mich ohnehin nicht löschen oder stabilisieren können und zum anderen hätten die anschließenden Erklärungen meine Erziehung und Autorität nachhaltig untergraben.

Aber was, wenn ich die 112 riefe? Was sollte ich dann sagen? »Hallo. Bis vorhin hatte ich bloß Orangenhaut, aber jetzt glühe ich wie Holzkohle. Kommt löschen!«

Und wenn sie tatsächlich kämen, würde ich ihnen dann wie das Ampelmännchen, bloß nackt und bibbernd, gegenüberstehen? Vielleicht noch die Reste der Frischhaltefolie hinter mir her schleifend? Der Gedanke, dass um ein Uhr nachts drei Feuerwehrleute und ein Notarzt vor mir in schallendes Gelächter ausbrechen, beruhigte meinen Kreislauf kein bisschen.

Es galt, eine andere Lösung zu finden. Als erstes musste ich etwas gegen die Schmerzen tun. Also mit einem frischen, kalten Handtuch auf dem rechten Bein kurz nachgedacht. Die Schmerzmittel waren im Oberschrank in der Küche.

Ich atmete ein, rannte bis zur Küche, wo ich es lediglich schaffte, den Schrank aufzureißen und die Box mit den Medikamenten aus dem Fach zu zerren. Dann tat mein Körper schon wieder so weh, dass ich zum Kühlen ins Bad musste. Einatmen. Ausatmen. Bis jetzt war keine Linderung zu spüren. Wieder ein frisches Handtuch und zack wieder in die Küche. Die Blister mit Husten-, Fieber- und Schmerzmitteln verteilte ich in meiner Hektik über die gesamte Arbeitsplatte. Kurz bevor die Schmerzen wieder überhandnahmen, griff ich die Packung mit dem Ibuprofen und sauste zurück zum kühlenden Frotteehaufen. Gebückt, mit einem blau-weiß gestreiftem Handtuch auf meiner glühenden Kehrseite, drückte ich mir zwei Tabletten aus der Packung. Schnell noch Wasser. Runterschlucken. Handtuchwechsel.

Ich mochte schon gar nicht mehr in den Spiegel sehen. Nicht, weil ich fürchterlich albern aussah. Nein, sondern weil ich meinem Spiegelbild meine Blödheit gar nicht so laut entgegenbrüllen konnte, wie ich wollte. Die Kinder schliefen und das sollte auch so bleiben.

Noch eine gestandene Stunde stand ich so im Badezimmer und wechselte warme in kühle Handtücher und platzierte sie auf Oberschenkel, Hintern und Bauch. Eben überall dort, wo ich vorher kleine Mängel zu erkennen geglaubt hatte.

Langsam, ganz langsam ließ der Schmerz nach. Es war mittlerweile fast halb drei, als ich endlich ins Bett ging.

Auf ein Schlafshirt verzichtete ich. Alleine das Liegen unter einem leichten Laken tat noch ausreichend weh.

Am nächsten Morgen war kaum noch etwas zu spüren. Ich war gottfroh.

Ob das Prozedere etwas geholfen hat, war eher zweifelhaft. Ich hatte dennoch kein Interesse an einem weiteren Dellen-Check. Selbst wenn sie gestern noch Suppenteller tief gewesen wären. Kein Makel an mir konnte so groß oder tief sein, wie meine Dämlichkeit der letzten Nacht. Und nie wieder würde ich einen derartigen Selbstversuch wiederholen. Egal, was die Schwerkraft meinem Bindegewebe antat. Die Spannkraft meines Hirns sollte immer ein bisschen größer sein.

Haare

– Aus viel mach nix

An den Haaren herbeigezogen. Alte Zöpfe. Rapunzel. Wir kommen nicht drumherum. Schöne Haare sind mehr als totes Material. Das merkt man schon, wenn man bei Rossmann in die Shampoo-Abteilung stolpert.

Es gibt wenig, was so sehr für Weiblichkeit steht wie volles, dichtes Haar. Und was das angeht, war ich in meiner Jugend und bis zu meinen Mitvierzigern geradezu gesegnet. Als Kind verlor ich hin und wieder in der Nacht meine Zahnspange. Mehr als einmal musste ich sie mir aus meiner Mähne dröseln lassen.

In dem, was ich auf dem Kopf hatte, konnte man Ostereier verstecken oder unbemerkt Nester bauen. Ich bezeichnete mich bisweilen als Wischmopp und hatte auch kein Problem damit, wenn man mich mit einem geplatzten Kissen verglich. Hüftlanges, krauses Haar, das zwei Tage zum Trocknen brauchte, war für mich völlig normal.

Dass es Menschen gab, die ungefragt mit beiden Händen drin rumwuschelten (»Sind die echt? Das fühlt sich ja komisch an.«) sorgten dafür, dass ich sie mir irgendwann regelmäßig zu einem Zopf band, der weniger kommunikativ über den Rücken baumelte. Durch Schwangerschaften und haartechnische Experimente büßte ich immer mal wieder ein bisschen Volumen ein, was sich ob der Menge aber kaum bemerkbar machte.

Chemisches Glätten, einen Fotografen, der die Haare gerne in blond wollte und nach dem Bleichen die Meinung änderte, all das verzieh mir mein Schopf. Ich war jung, die Wolle wuchs nach.

So lange, bis irgendwas in meinem Organismus das übertriebene Haarwachstum einstellte und im Gegenzug für erhöhte Brüchigkeit und deutliche Ausdünnung sorgte.

Hormone sagen die einen, »drohende Wechseljahre« nannten es die weniger Harmoniebedürftigen.

So, als hätte an meinem fünfzigsten Geburtstag irgendwas in mir gesagt: »Hach, wir können es ja mal mit einem Mecki probieren«, fiel täglich mehr aus, als ich sonst in einem Monat in der Bürste hatte.

Ich konnte mich des Eindrucks nicht erwehren, dass Hairstylisten mitleidig blickten und fühlte mich faktisch ein bisschen verlassen, wenn ich mit den Fingern durch immer dünneres Haar strich.

Es folgten Stunden vor dem Computer, in denen ich nachts die Begriffe »Haarausfall« und »Haarverlust« googelte. Im Wechsel war ich noch nicht, das schied also fürs Erste aus.

Egal, was ich für Gründe fand, es lief darauf hinaus, dass mein juveniler Umgang mit alterndem Haar für übermäßigen Haarbruch sorgte.

Vier Monate nach meinem fünfzigsten Geburtstag schlich ich mich in eine Münchner Doppelhaushälfte, in der mir eine Edith zwei lange Tressen Fremdhaar in meine verbliebenen Reste knüpfte.

Ich fühlte mich wie ein Verräter. Hatte ich doch stets proklamiert, dass an mir nichts Unechtes rumhängt. Jetzt trug ich also Extensions, die sich tagsüber in jede Richtung stylen ließen und nachts für Druckstellen in meiner Kopfhaut sorgten. Es sah toll aus. Aber es fühlt sich nicht annähernd so gut an wie eigenes Haar.

Irgendwie kam es mir so vor, als würde ich jeden Tag ein bisschen schummeln. Aber mir war klar, dass ich von nun an das, was mir noch geblieben war, in Ehren halten musste.

Kaum hörte ich auf, meine Mähne wie junge Weidentriebe zu malträtieren, stellte ich eine Besserung fest.

Es war ein bisschen so, als reagierte meine Kopfhaut geradezu höflich auf mein Seniorenprogramm.

Keine scharfen Drahtbürsten und keine strammen Zöpfe mehr. Natürlich war mir klar, dass es die Gesichtshaut wie natürlich geliftet aussehen lässt, wenn man den Zopf im Nacken nur stramm genug bindet, aber nun musste ich mich entscheiden.

Glattes Gesicht und abends ein halbes Fell in der Bürste –oder leichte Querfalten auf der Stirn und dafür Haare, die ich mir zur Not ins Gesicht kämmen konnte?

Die Wahl fiel mir leicht.

Es war glücklicherweise nicht so, dass mir die Haare einfach angemessen zu meinem Lebensalter ausgingen, also zumindest noch nicht.

Vielmehr lag es an meiner rabiaten Art, mit ihnen umzugehen, die mit meiner altersbedingten mangelnden Haarwuchsfreude kollidierte. Während ich mich in der Jugend an meinem Zopf hätte aufknüpfen und in den Schlaf wiegen können, brauchte das Keratin auf meinem Kopf jetzt, jenseits der fünfzig, mehr Aufmerksamkeit.

Der Alterungsprozess betraf also nicht nur die Spannkraft von Busen und Hintern, sondern quasi alles von Kopf bis Fuß. Klar, im Alter heilen Brüche schlechter. Das war ja auch der Grund, warum ich nur noch recht verhalten Ski fuhr.

Und so verhielt es sich auch auf meinem Kopf. Haarbrüche eben.

Ich begriff und fügte mich. Nicht nur mein Körper war über fünfzig, sondern auch alles, was auf ihm wuchs.

Eitelkeit als Mittel zum Zweck

– Das Ego ist manchmal die letzte Möglichkeit, einen vor Schaden zu bewahren

Im Alter heilen Brüche schlechter. Das ist so. Kann man nichts dran ändern. Und wenn man trotzdem gefährliche Dinge tun will, sollte man überlegen, ob man danach noch so aussieht, wie man es sich vorstellt.

Eitelkeit hin oder her. Zu seinem Alter zu stehen, sollte nun nicht wirklich ein Problem sein. Meine Mutter zum Beispiel ist jetzt gerade Mitte siebzig. Sie steht dazu. Absolut. Ja, gut, man sieht ihr das nicht auf Anhieb an und sie ist bester Gesundheit, aber sie ist es nun mal.

Meine Geschwister und ich erfreuen uns daran, dass unsere Mutter ihr Leben hochgradig rege gestaltet, Sport treibt, gerne ausgeht und ihre Freunde und Freundinnen trifft.

Das Leben ist kurz. Sie macht was draus.

Bei ihr müssen wir laufend damit rechnen, sie irgendwann mal zum Bungee-Springen, Tiefseetauchen oder auf eine Demo begleiten zu müssen. Kein Problem. Man hat immer Spaß mit Mutti.

Vor einiger Zeit kam sie auf den Gedanken, dass es eine gute Idee sei, nun auch noch einen Motorradführerschein zu machen. Ob es an einer neuen Affinität zu Lederkleidung lag oder einfach an dem Gefühl, dann schneller, weil schmaler von A nach B zu kommen, sagte sie uns nicht.

Meine Geschwister und ich telefonierten lang und breit über dieses Thema. Wenn meine Mutter sich etwas in den Kopf gesetzt hatte, muss man entweder schnell reagieren oder eben ihre Wünsche akzeptieren.

Und nun wollte Mutti also Bikerin werden.

Angesichts der Hektik im Straßenverkehr und den Meldungen über verunglückte Motorradfahrer war es aber so, dass wir uns ernsthaft um sie sorgten. Motorradfahren im Allgemeinen halte ich für gefährlich und im Falle meiner Mutter sogar für brandgefährlich.

Schon allein, wenn ich sie in ihrem kleinen Opel fahren sah, hatte sie immer ein bisschen eine Stunt-Girl-Attitüde, wie sollte es erst auf einem Zweirad sein?

Da es bis heute nie etwas genutzt hatte, sie mit unserer Sorge aufzuhalten, brauchte es eine andere Taktik. Bei einem Besuch zu Kaffee und Kuchen fiel mir auch eine ein. Sie kam gerade frisch vom Friseur und erzählte, wie froh sie über den neuen Schnitt und die Farbe sei.

Damit spielte sie mir den Ball direkt vor die Füße.

»Weißt du eigentlich, wie deine Haare aussehen, wenn du bei 25 Grad eine halbe Stunde lang einen Helm getragen hast?«

Ich stellte die Frage ganz nebenbei und dennoch merkte ich, dass ich einen Volltreffer gelandet hatte.

Seit diesem Tag ist das Thema Motorradfahren vom Tisch. Aus freien Stücken und ohne Miesmacherei von außen. Meine Geschwister und ich sind beruhigt, und Mutti wird sich sicher bald etwas anderes einfallen lassen, womit sie ihr Leben bereichert. Hoffentlich aber etwas weniger Gefährliches.

Manchmal hilft dann doch die Eitelkeit, wenn es gilt, vernünftige Entscheidungen zu treffen.

Altern

– Zwischen Reifen und Welken

Nicht stehenbleiben. Gehe über Los, ziehe 365 Tage ein und sieh, was die nächste Lebensphase alles mit sich bringt. Das Monopoly des Lebens ist nix für Anfänger.

Es gibt zwei Dinge, die jeder Mensch auf der Erde – unabhängig von Herkunft, Geschlecht und Gesinnung - tun muss. Das ist zum einen die Geburt und zum anderen das Sterben. Und wenn wir Glück haben und unsere Zeit nicht vertrödeln, erleben wir dazwischen weit mehr als einfach so vor uns hin zu altern. Wir entwickeln uns und reifen. Aus physischer Sicht ein Vorgang, der mit dem Aufblühen und Welken schon seine Geschichte findet. Im Prinzip altert der Mensch aber auf drei Ebenen.

Die erste Ebene ist ganz klar die körperliche Sicht. Spermium trifft auf teilungswillige Eizelle und schon geht es los.

Wir entstehen, wachsen, bewältigen Phasen von Kindheit, Pubertät und Jugend und begeben uns unmittelbar nach Erreichen des physischen Hochs in die Phase des Verfalls. Diesen Knick im Lebenslauf hat die Natur so in etwa auf das dreißigste Lebensjahr terminiert.

Zellen, die sich bis dahin noch fröhlich und rasant teilten, schalten ein paar Gänge runter und lassen sich zunehmend mehr Zeit. Unser Grundumsatz in Sachen Energie sinkt.

Das, was früher kaum reichte, um die Konfektionsgröße nur halten zu können, genügt nun, um jährlich eine Größe zuzulegen.

Unsere Nervenbahnen lassen sich ebenfalls mehr Zeit mit der Übertragung von Reizen. Dementsprechend werden wir mit den Jahren weniger reaktionsfreudig und ein bisschen langsamer.

Das klingt ziemlich demoralisierend, und wenn es die einzige Ebene des Alterns wäre, müssten mir jetzt die Tränen kommen.

Ist es aber nicht. Es gibt nämlich auch noch die psychische und die seelische Alterung – und hier wird es wieder spaßig.

Während der Körper blümchenmäßig einen Welkungsprozess durchläuft, macht die psychische und die seelische Reifung nämlich ausschließlich Fortschritte.

Ab dem Zeitpunkt, ab dem wir Mutters Schürze losgelassen haben und uns nicht mehr ausschließlich und gengetrieben an der Fortpflanzung orientieren, steigt der Genuss am eigentlichen Sein.

Also er steigt, wenn man sich nicht lediglich auf seinen Körper fokussiert. Das permanente Beobachten des Welkens macht nämlich nicht glücklich.

Mit dem Alter lernen wir, auszusortieren. Wir nehmen Dinge nicht mehr so wichtig, trennen Spreu von Weizen, wissen besser, was wir wollen und was nicht. Es muss nicht mehr alles bis zum Exzess ausprobiert werden. Es sei denn, Exzesse sind unsere Erfüllung.

Wir sind uns bewusster, wer wir sind, und nehmen in der Regel – vor allem beim Sport – mehr Rücksicht darauf, dass Brüche und Wunden im Alter schlechter heilen.

Unsere Risikobereitschaft schrumpft an den richtigen Stellen und wächst in den Bereichen, die uns tatsächlich weiterbringen. Wir erkennen besser, wer lügt und wer die Wahrheit spricht und ob das Ganze überhaupt relevant genug ist, darüber nachzudenken.

Unser Sinn für Moral wächst und bremst uns an den richtigen Stellen aus oder lässt uns genussvoll über die Stränge schlagen. Im besten Falle erkennen wir sogar in der physischen Alterung nicht bloß den Verfall. Frauenkörper bekommen mit der Reife nämlich eine Weichheit, die weit weiblicher ist als der drahtigste Körper mit Idealmaßen. Wir wissen, wie wir berühren und berührt werden wollen und liefern uns keinen Experimenten aus, die wir nicht möchten.

Mit einem gepflegten Sinn zur Übertreibung kann man sogar noch eine Stufe weitergehen:

Das Nachlassen der Sehkraft lässt uns vielleicht Dinge übersehen, die uns sowieso nicht gefallen hätten.

Verzögerte Reaktionsgeschwindigkeiten lassen uns nicht mehr auf jeden Quatsch reagieren. Und zunehmende Vergesslichkeit sorgt dafür, dass wir den ganzen Blödsinn, der ohnehin nur belastet, nicht zu lange in unseren Gehirnen behalten.

Alles in allem keine schlechte Prognose. Denke ich.

Ob ich eitel bin?

– Zwischen Dr. Jekyll und Mrs. Hyde

»Selbsterkenntnis ist der erste Schritt zur Besserung.« Sagt der Volksmund. In einem fernöstlichen Sprichwort klingt es noch ein bisschen netter: »Die Selbsterkenntnis ist eine Tugend, die von dem Menschen am schwersten erkämpft werden muss.« In Sachen Eitelkeit braucht es oft keine große Erkenntnis. Da reicht meist ein Blick in den Badezimmerschrank oder auf die Douglas-Rechnung.

Wenn ich die Frage höre, ob ich eitel bin, wundert es mich schon ein bisschen. Nein, es wundert mich kolossal, dass man mir dieses Attribut nur vorsichtig unterstellen möchte.

Ich habe einen großen Teil meines Lebens damit verbracht und auch nicht wenig Geld damit verdient, lächelnd einen mehr oder minder breiten Steg vor und zurückzulaufen und vor der Kamera zu stehen.

Das ist ohne eine ordentliche Portion Eitelkeit überhaupt nicht machbar. Wohlgemerkt Eitelkeit. Nicht Hochmut oder Arroganz. Das ist nämlich ganz was anderes.

Also nochmal, ob ich eitel bin? Eitel? Ich? Aber klar doch!

Ohne Frage, es gibt auch Tage, da geh ich im Pyjama zum Brötchen holen. Die Haare auf Sturm und mit

Pantoffeln an den Füßen. Wer mich so nicht leiden kann, der kann mich auch sonst gerne mal kreuzweise.

Aber dann gibt es diese Tage, an denen ich einfach zur Höchstform auflaufe. Kreativ an Pinsel, Puder und Lippenstift. Zusätzlich noch erfreut über freundliche und angenehme Kommentare und Rezensionen. Eine befreundete Ärztin meinte mal, so was sei zyklusabhängig. Aber ich habe nie die Zeit gestoppt zwischen »Heute geh ich raus und sehe aus wie Schlumpf!« und »Ich bin grandios!«.

Mir ist also völlig wurscht, wann meine Eitelkeits-Kurve hoch- und runterrauscht. Es reicht mir zu wissen, dass ich bedarfseitel bin.

An diesen Tagen bin ich froh, dass wir mehr als ein Bad im Haus haben und ich mir nicht das stundenlange Türgeklopfe meiner Kinder anhören muss.

Das Bad ist dann »the place where the magic happens«, und es wird geglättet, geschmiert, geölt, onduliert und gemalt. Wenn der Spiegel mich nach angemessener Zeit mit zufriedenstellender Optik vom Farbtopf entlässt, wird die Kleidung gewählt. Und ich meine nicht bloß angezogen, sondern gewählt. Anschließend geht es runter an den Rechner, Rezensionen und E-Mails nach Neuigkeiten durchforsten.

Sodann klopfe ich mir ein Weilchen stolz auf die Schulter und verlasse das Haus. Termine, Gespräche und Erledigungen. Wenn ich mich an solchen Tagen selbst dabei beobachten würde, wäre Fremdschämen angesagt. Aber glücklicherweise ist das ja nicht der Fall.

So zieht sich meine egomane Eitelkeit selten, aber dennoch hin und wieder über den ganzen Tag hinaus.

So lange bis ich – mich selbst bewundernd – ins Bett falle.

Es kommt, wie es kommen muss.

Am nächsten Morgen bin ich wieder Pyjama-Manu. Fünf Minuten Badezimmer, inklusive duschen. Jeans und graues T-Shirt, und ab an die Arbeit. Einem Außenstehenden käme jetzt etwas von Jekyll und Hyde unter PMS in den Sinn. Aber das ist mir egal. Ich summe »I'm every woman« und freue mich über meine mir höchst eigene Vielfalt.

Wann geht es los?

– Ab jetzt wird es wechselhaft

Wenn sich Dinge zeitlich nicht festnageln oder eintüten lassen, wartet man schon manchmal recht ungeduldig. Zum Teil sogar auf das, was man gar nicht bestellt hat oder haben will.

Ungern schreibe ich über Dinge, von denen ich keine Ahnung habe, aber hier muss es sein. Wie ein Damoklesschwert soll es ja nun schon ein Weilchen über mir schweben. Aber noch fühle oder sehe ich nichts. Es geht um die Wechseljahre, auf die mich Frauenmagazine derart vorbereiten wollen, wie die BRAVO Jugendliche auf ihr erstes Mal. Und so sitze ich hier und warte auf mein Klimakterium wie auf den Milcheinschuss nach der Geburt meiner Kinder.

Quasi täglich ist damit zu rechnen. Nicht, dass ich mir Sorgen machen würde oder händeringend mal was Neues im Leben brauche, dem ich mich stellen kann, sondern weil ich neugierig bin.

Meine Familienplanung ist abgeschlossen. Zwei eigene und drei Bonuskinder sind mehr, als ich vom Leben erwarten konnte.

Einmal männliches Heranwachsen und viermal weibliche Pubertät ist eigentlich wechselhaft genug. Das brauche ich nicht noch auf meiner Seite und in meinem Körper.

Und dennoch, wenn eine Freundin behauptet, dass Frauen jenseits der fünfzig Spiralen nur noch zur Deko tragen würden, gehe ich hier lieber auf Nummer sicher. Die Fertilität kichert nämlich noch bei dem Gedanken, beizeiten ihre Tätigkeit einzustellen.

Laut Wikipedia hätte es ja schon vor ein paar Jahren bei mir losgehen können. Aber auf Wikipedia mag ich mich hier kaum verlassen.

Wenn ich auf dieser Seite die möglichen Beschwerden durchgehe, wundert es mich, dass nicht jede Frau jenseits des Wechsels in einer Gummizelle landet. Ich schätze, hier hat Wikipedia ordentlich jedes potenzielle Krankheitssymptom und jede miese Laune der Natur aufgeführt.

Da ist das Positivste noch, dass die Frau in den Wechseljahren das gleiche Schicksal hat wie die Kühe von Schwert- und Grindwalen. Da spricht man nämlich auch von Wechseljahren, wenn die »reproduktive« Phase ein Ende hat.

Auf der Suche nach künftigen Leidensgenossinnen kann ich keine anderen Frauen ausmachen, die laut lamentierend über ihr sie plagendes Klimakterium durch die Straßen ziehen. Lediglich hin und wieder entdecke ich Damen im besten Alter, die sich mit hochrotem Kopf Luft zu fächern und denen der Schweiß rinnt. Aber das tue ich im Sportstudio ja auch.

Also, falls ich an mein lauerndes Klimakterium dennoch einen Wunsch äußern dürfte, dann folgenden:

Kannst du bitte im Winter mit deinem Einsatz starten? Das mit den Hitzewallungen ist ja nun von verschiedenen Seiten verifiziert. Und wenn es erst im Winter losgeht, könnte ich die Hitze an kalten Tagen wenigstens ordentlich nutzen. Soviel Pragmatismus ist doch in Ordnung, oder?

Wie Gott uns schuf

– Natürlichkeit in Handarbeit

Jeder ist seine eigene Leinwand. Wenn ich da aber nun für viel Geld eine 08/15-Standard-Schönheitsversion drauf drucken lasse, ist's mit der Individualität schnell Essig. Aber wem das nichts ausmacht, der kann sich unter Skalpellen alles schnitzen lassen. Bloß seinen Charakter und sein Menschsein nicht.

Das mit der wachsenden Zufriedenheit und inneren Ruhe im Alter zieht ja an manchen Leuten gnadenlos vorbei. Nicht selten kommt dann das Bedürfnis, das Bild der früheren Jugend mit Zähnen und Klauen zu erhalten. Da diese Instrumente aber meist nicht reichen, wird gerne, je nach Anliegen, zum Skalpell gegriffen. Also greifen lassen.

Und in dieser Jagd nach vermeintlicher Perfektion geht die eigene Individualität regelmäßig flöten.

Vor ein paar Jahren saß ich immer mal wieder in Cafés, in denen ich meine Bücher schrieb oder einfach nur Kaffee trank und meine Seele baumeln ließ. Mein Job ließ mir dafür genug Pausen und meine Kinder und Patienten ebenfalls.

Unvergessen ist der Tag, als sich der mir gegenüberliegende Tisch nach und nach mit vier Frauen füllte. Alle sicher zwischen fünfzig und sechzig. Vielleicht sogar siebzig. Jede edel gekleidet, frisch vom Friseur und offenbar höchst erfreut, die anderen mal wieder zu sehen. Und alle einte eines: Direkt unterhalb der Augenpartie glichen sich ihre Gesichtslandschaften wie ein Ei dem anderen.

Man konnte leicht den Eindruck gewinnen, dass Prof. Mang am Bodensee oder einer seiner Kollegen einen guten Tag hatte. Vielleicht hatte er ja vorübergehend ein Angebot wie »Zahl drei und – nimm vier!« in Sachen Nasen-OPs ausgerufen. Quasi Rabatt auf Gruppen, die bereit waren, sich ein Gesichts-Layout und OP-Hemdchen zu teilen. Man weiß ja nie. Im Profil waren alle vier exakt gleich gezirkelt, die Nasenspitze einen Hauch aufgerichtet und am Nasenrücken etwas unnatürlich platt. Die Oberlippe bei allen ein bisschen aufgeworfen und das Kinn wie aus der Backform. Inklusive Grübchen. Ich fragte mich, wie die Damen aussehen würden, wenn sie auf diese offensichtlichen Eingriffe verzichtet hätten. Hässlich war sicher keine von ihnen gewesen. Natürlich sind solche Aktionen auch abhängig vom Geldbeutel. Man muss schon reichlich von allem zu viel haben, um sich eine derart umfängliche Restauration leisten zu können. Aber warum will man das? Und wie lange kann man das machen, bis man ein neues Bild für den Reisepass beauftragen muss oder die Enkel vor einem flüchten, weil sie die Oma nicht mehr erkennen?

Vor geraumer Zeit traf ich eine alte Model-Kollegin, mit der ich einst ein paar Laufstege geteilt hatte. Und wenn ich gewusst hätte, was mir blühte, hätte ich lieber auf die Begegnung verzichtet. Damals, als wir uns kennenlernten, war sie für mich der Inbegriff einer super natürlichen, nordischen Schönheit. Wir waren in etwa gleich alt, und ich hätte sie lieber in Erinnerung behalten, wie sie damals war: sommersprossig, ein Lachen von Ohr zu Ohr und einen schrägen Haaransatz. Bei unserem Treffen konnte ich feststellen, dass einige Teile an ihr nicht halb so alt waren wie unsere Bekanntschaft. Die Nase nur noch eine kleine Rutsche, der Mund dafür nun viel schmaler, aber doppelt so dick. Es fiel mir schwer, nicht zu fragen, wann denn dieser grauenhafte Unfall gewesen sein musste, den man ihr noch ansieht. Ihr Lachen klang noch so wie früher. Aber der Rest war auffällig unauffällig starr und eben. Und irgendwie traurig.

Was künstlich herbeigeführte Veränderungen angeht, gibt es selten ein Ende oder Ziel. Das kenne ich auch ohne Schönheits-OPs aus eigener Erfahrung.

Als mich mein Überbiss vor zehn Jahren ausreichend lange geärgert hatte, griff ich mit Unterstützung eines Kieferorthopäden ein. Zack, Zahnspange rein, immer wieder nachziehen und das Ganze für mehr als ein Jahr. Das Ende vom Lied waren zwar hübsch gerade Beißerchen, allerdings auch die Tatsache, dass meine Oberlippe etwas schmaler wirkte als zuvor.

Ein mir bekannter Schönheitschirurg machte mir konkrete Vorschläge, was zu tun sei, als ich mein nicht vorhandenes Leid bei einem Mittagessen mit Freunden klagte. Ich könne die Oberlippe ja ordentlich aufblasen lassen, meinte er, und die dann vermutlich zu dünne Unterlippe ebenfalls aufrüsten. Sollte mein Kinn dadurch zu wenig dominant sein, ließe sich problemlos mit körpereigenem Material nachhelfen.

Mir wurde ganz anders zumute. Schon bei dem Gedanken an Botox wird mir blümerant. Auch wenn es für einige Menschen, die ich mag, zum Alltag gehört, sich Gift unter die Haut spritzen zu lassen, möchte ich gerne darauf verzichten. So lange niemand, der mir wichtig ist, versucht, den natürlichen Faltenwurf in meinem Gesicht mit Spanngurten zu beheben, lasse ich so was bleiben.

Ich bin der Meinung, dass jeder an sich herum schrauben lassen kann, wie er mag oder es sich leisten will. Für Charakter gibt es kein Botox und kein Lifting. Und der Charakter eines Menschen hängt nicht zwingend von seiner Gesichtsgestaltung ab, oder ob sich die Körbchen-Größe im Alphabet immer weiter von A wegbewegt.

Allerdings habe ich schlichtweg Angst, irgendwann mal in Teilen aus der Urne sortiert zu werden, die nicht mit dem Rest beerdigt werden können. Und dementsprechend möchte ich auch gerne darauf verzichten, mich unter Propofol in jemanden zu verwandeln, den ich im Spiegel erst kennenlernen muss.

Dann bin ich doch lieber vom Leben gezeichnet als von chirurgischer Hand gestaltet.

Eine Frage der Perspektive

– Wenn der erste Blick täuscht

Manche Dinge mögen Ansichtssache sein, aber manche Ansicht geht in ihrer Oberflächlichkeit mit großen Schritten an guten Dingen vorbei.

»Von hinten Lyzeum, von vorne Museum.« Der Mann, der diesen Kommentar abgibt, wirkt hochgradig enttäuscht. Zwei Minuten zuvor hatte er noch die Figur und den federnden Gang der langhaarigen, sportlich-elegant gekleideten Frau bewundert. Als sie einen Blick über ihre Schulter wirft, entgleitet ihm fast sein Kaffeebecher. Meiner mir auch. Ich bin nämlich völlig überwältigt von dem zauberhaften Lächeln und der Ausstrahlung. Ja, es ist sicherlich möglich, die Frau von hinten auf Anfang zwanzig zu schätzen, aber richtig schön finde ich sie erst jetzt, wo man sehen kann, dass das Haar eher silbrig, statt blond glänzt und die Fältchen im Gesicht auf mindestens sechzig Jahre Leben hinweisen. Sie hat sich wahrhaft gut gehalten, aber neben ihrem schönen Körper verfügt die Dame über ein fantastisches Charisma.

Es gibt Menschen, bei denen geht ein Flutlicht an, wenn sie völlig natürlich den Raum betreten. Und genau zu dieser Art Mensch scheint diese Frau zu gehören. Bei anderen wiederum bedarf es vieler Hilfsmittel, um auch nur in den Bereich einer

60-Watt-Birne zu kommen. Es ist ja auch tages- und formabhängig. Man kann nicht immer strahlen.

Ich schiele nach rechts, wo sich das enttäuschte Kopfschütteln wieder wichtigeren Gesprächen zuwendet. Wie leicht kann man sich doch täuschen. Also ich und nicht er. Fast hätte ich dem Herrn mit dem breiten gepflegten Schnurrbart und den feinen Zügen eines über Sechzigjährigen nämlich einen guten Geschmack attestiert. So ist es allerdings nur wieder jemand, der Jugend mit Schönheit verwechselt. Schade.

Wenn die Sicht nachlässt

– greift man auch mal daneben

Manchmal ist gutes Sehen von Nöten, wenn es um gutes Aussehen geht. Und wenn man schon an Sehkraft eingebüßt hat und auch keine Brille zur Hand ist, kann es schon mal schmerzhaft werden.

Mit dem Alter lässt die Sicht nach. Manchmal ist es auch bloß die Aufmerksamkeit. Vor allem, wenn man am Vorabend mit einem Team von Fotografen, Stylisten und Produzenten die Hotelbar inspiziert hat.

An den Tagen, an denen ich noch als Model unterwegs bin, reicht es nicht aus, morgens die Augen zu öffnen und sich darüber zu freuen, dass alle wichtigen Organe noch funktionieren. Ich muss oder sollte zumindest dafür sorgen, dass mein optischer Zustand einem Visagisten nicht gleich Tränen der Verzweiflung in die Augen treibt.

Also irgendwie frisch aussehen und wenn es geht, auch noch attraktiv.

Egal, wie der vorangegangene Abend war. An manchen Tagen gar nicht so leicht.

Okay, diesen Tribut ans Alter erkenne ich an.

Früh am Morgen stehe ich also in einem Londoner Hotel unter der Dusche. Irgendwie muss ich wieder fit werden. Mein Tochterkind trällert schon seit ein paar Minuten im Zimmer herum. Das fühlt sich an wie eine Nagelfeile in meinen Gehirnwindungen. Aber sie ist fröhlich, und es klingt gar nicht so schlecht, deswegen bitte ich sie nicht, damit aufzuhören. Wir werden heute gemeinsam für ein britisches Magazin fotografiert.

So ein Mutter-Tochter-Generationen-Mode-Ding. Scheint ja im Trend zu sein und ich genieße die Zeit und die Reisen mit meinem Nachwuchs.

Tochterkind sieht wie immer nach dem Aufstehen schon aus, als wäre sie bereit für den Job.

Ich nicht. Aber ich will es ihr nicht neiden. Mit neunzehn ging es mir ja ähnlich. Und dass ich heute etwas länger brauche, um mich zu entknittern, ist nicht ihre Schuld.

Fertig geduscht passe ich auf, dass ich nicht über den Badewannenrand stolpere und den Kopf am Waschbecken aufschlage.

Ich taste neben dem Waschbecken nach meinem Deo.

Wenn ich unterwegs bin, nehme ich meistens die Reisegrößen mit.

Einmal rechts und einmal links gesprüht. Einundzwanzig, zweiundzwanzig – ich bin schlagartig hellwach.

Denn unter meinen Armen fühlt es sich an, als ob jemand eine Testreihe für Bunsenbrenner durchführt. Außerdem klebt es höllisch.

Ich taste erneut nach dem kleinen Deospray. Was ist da drinnen? Es brennt teuflisch. Bei den Deos achte ich doch immer so sehr darauf, dass kein Alkohol und Aluminium enthalten ist. In diesem Deo scheint sich stattdessen Salzsäure zu befinden.

Meine Pupillen versuchen, sich auf die kleine Aufschrift zu justieren. Und da fällt es mir auf. Von Aluminiumsalzen und Alkohol steht da nichts. Aber von Deo ebenfalls nicht.

Die Reisesprays verlieren allein durch ihre Größe an Individualität. Und so habe ich mich gerade eben nicht mit sanftem Deo erfrischt, sondern den stärksten Haarlack aller Zeiten in meinen frisch rasierten Achseln platziert.

Das Brennen hört nach einer Weile auf, aber das unangenehme Kleben ist geblieben. Ich kann's ja nun nicht ausbürsten, wie es in der Werbung immer heißt.

Mich in meinem Zustand erneut den Gefahren des Duschens in einer Badewanne auszusetzen, halte ich gerade für zu gefährlich, also greife ich nach dem Waschlappen.

Jetzt, wo ich die Arme auch wieder ohne eigenartige Geräusche vom Körper entfernen kann, nehme ich das kleine Deospray und gehe nach nebenan zu Tochterkind.

Ich bitte sie, mir die Aufschrift vorzulesen. Sie schaut mich an, als ob ich sie bitten würde, mit einer Tupperdose nach unten auf die Straße zu gehen und ein Pfund Marihuana zu kaufen.

Als sie mir bestätigt, dass es sich bei dem Spray um Deo handelt, wende ich mich ab und gehe zurück ins Bad. Während Tochterkind draußen weiter trällert, mache ich mich fertig. Tage wie diese werden in der Regel immer nur besser. Also ein Dankeschön an das kleine Haarspray. Wach bin ich jetzt auf jeden Fall.

Ansatzschwäche

– Wenn das Kaschieren Spuren hinterlässt

Das Leben ist vergänglich und irgendwie möchte doch jeder gerne Spuren hinterlassen. Irgendwas, das sagt, hier saß dereinst Frau Sowieso oder Herr Dingenskirchen. Die Spuren sollten allerdings mit Wohlwollen aufgenommen werden können.

Und nicht den Griff zu Putzmittel und Wandfarbe provozieren.

Natürlich wird bei Fotoproduktionen nichts so sehr strapaziert wie das anschließende Photoshop-Programm. Allerdings wird immer noch versucht, auch schon im Vorfeld beste Konditionen dafür zu schaffen, möglichst wenig Nacharbeit zu produzieren.

Für mich bedeutet das, dass ich mich weitgehend präsentabel im Haare- und Make-up-Bereich einfinde, so dass in der nächsten Stufe eine noch präsentablere Manu aus mir gemacht werden kann. Bevor Photoshop mich zu der unrealistisch glatten Frau macht, die ich eigentlich gar nicht mehr bin.

»Wir verwenden den Tönungsfestiger, das hält besser, gibt schönen Glanz und deckt die grauen Haare ab.«

Ich schaue in den Spiegel. Wo sieht Nadya, die Visagistin, verflixt nochmal graue Haare? Im Augenblick ist doch alles ganz ordentlich ungrau und frisch ansatzgefärbt.

Egal. Man lernt nie aus. Dann halt für den Glanz.

Die Kreuzung aus Haartönung und Festiger war mir bis heute nicht geläufig, aber sei's drum. Sie wird schon wissen, was sie tut.

Bevor ich mich versehe, landet eine dicke Wolke an braun grau schimmernder Pampe auf meinem Haar, mit der selbiges derart aufgelockt wird, als hätte ich lächelnd mit nassen Fingern in die Steckdose gelangt. Dreimal hintereinander.

Das Endergebnis sieht ganz prima aus. Ein bisschen wie ein indischer Pumuckl und ein bisschen wie Diana Ross.

Dem Kunden gefällt's und das ist das Wichtigste. Als Model wahrt man hier ein bisschen die Haltung der Pinguine aus dem Film Madagaskar: lächeln und winken.

Ich frage, ob ich wegen des Festigers irgendwas beachten muss.

»No!«, sagt Nadya. Alles bestens.

Während der folgenden Stunden wird auf den Straßen in London, in Cafés und in einem Hotel fotografiert.

Das mit dem erst nach rechts schauen, wenn ich lächelnd auf die Straße springen soll, vergesse ich hin und wieder.

Wenn das so weiter geht, entsteht gleich noch eine Fotoserie, die zeigt, wie ich unter einem britischen Taxi vorgezogen werde. Der Linksverkehr fordert mich heraus. Letztendlich habe ich aber immer Glück.

Blöd wird es nur, während wir in einem Café Pause machen. Ich lehne mich entspannt an die weiße Wand. Als ich Minuten später meinen Orangensaft austrinken will, schauen Tochterkind und Nadya auf die Wand hinter mir. Dort prangt, genau wo mein Kopf zuvor war, ein Kuchenteller großer brauner Fleck.

Nein, mit Tönungsfestiger muss ich nichts beachten, hä?

Außer, dass er alles tönt, wogegen ich halt mit dem Kopf stoße.

Der Produktionsleiter spricht mit der Dame vom Café und weist immer mal wieder diskret auf mich. Es macht den Eindruck, als hätte ich – altersbedingt – die Wandgestaltung mit geriatrischen Hilfsmitteln absichtlich in die Hand genommen. Für einen kurzen Moment fühle ich mich ein bisschen schuldig. Dann ziehen wir weiter. Für den Rest des Tages versuche ich, nichts und niemanden mit meinen Haaren zu berühren.

Okay, werde ich eben künftig noch besser auf altersbedingte Ansatzschwächen achten. Oder ich warte darauf, dass es mir irgendwann völlig wurscht ist, welche Flecken ich wo hinterlasse. Ab einem gewissen Alter wird auch das möglich sein.

Frauengespräche

– Wie man sich in die Haare kommen kann

Natürlich sind Fachsimpeleien für die Beteiligten und Interessierten spannend und informativ. Aber so richtig unterhaltsam ist es, wenn das Alltagsleben in seiner ganzen Bandbreite diskutiert wird. Gerne auch vor völlig Unbeteiligten. Da wird schon mal die Schamgrenze mit beiden haarigen Beinen hemmungslos übersprungen.

Interessen sind verschieden, aber was ich immer interessant finde, sind Gespräche. Am besten solche, bei denen sich die Unterhaltenden völlig ungestört fühlen oder es ihnen schlichtweg schnuppe ist, was andere über sie und ihre Themen denken.

Und wo kann man an solchen Gesprächen besser teilhaben als in öffentlichen Verkehrsmitteln? Wenn es dann auch noch um die Handhabung alltäglicher und dennoch intimer Situationen geht, bin ich ganz besonders interessiert.

»Natürlich nehme ich in der Regel den Nassrasierer. Aber wenn du abrutschst, ist das immer gleich so ein Gemetzel.«

Es folgt wildes Gekicher.

Mein Blick schweift nach rechts, habe ich das gerade wirklich gehört? Der Mann, der mir gegenübersitzt, schaut ebenfalls kurz nach oben und zur Seite. Dann beißt sich der Blick wieder an seinem Buch fest.

»Ich war ja mal in so einem Waxing-Studio, aber das mach ich nie wieder. Erstens war's mir peinlich und zweitens tat es weh wie Hölle. Viertens war es auch noch teuer.«

Ich setze mich ein bisschen weiter nach rechts. Jetzt will ich es wissen. Welche Damen unterhalten sich derart hemmungslos und in voller Lautstärke über die Entfernung ihres Intim-Haarkleids? Bei wem kommt nach »erstens« und »zweitens« gleich »viertens«? Das können doch nur irgendwelche Teenies sein, oder?

Nein! Geirrt. Die Damen sind gute vierzig und kommen vermutlich gerade aus irgendeinem Großraumbüro. Sie reden, als säßen sie bei sich zuhause in der Küche. Nicht in der vollbesetzten S-Bahn.

»Also diese Enthaarungscremes kannste auch vergessen. Ich hatte einen Ausschlag bis zu den Knien ...«

Ich muss grinsen und der Mann mit der Lektüre krallt sich in die Buchseiten.

Er professionalisiert gerade das Fremdschämen par excellence. Ein stehender Herr im besten Alter mustert die beiden Frauen von oben bis unten. Sie merken es nicht und reden weiter.

»Hin und wieder nehme ich den Epilierer. Aber so richtig ins Zentrum kommst du damit ja auch nicht. Ein-, zweimal eingeklemmt, macht auch keinen Spaß. Da ist mir auch egal, ob das länger hält.«

Oh mein Gott. Ich höre Dinge, die ich nicht hören mag und brenne trotzdem auf Informationen. Kann ich solche Geschichten nicht für meine Bücher »33 Grausamkeiten« verwenden? Oder befinde ich mich gar in einer Aufzeichnung der versteckten Kamera?

Mein Blick schweift wieder nach rechts. Während die Blonde offensichtlich schon bei dem Gedanken an ein Haar zu viel gestresst ist, sieht die Brünette aus, als hätte sie in Wirklichkeit schon vor längerer Zeit mit dem Thema abgeschlossen. Unter dem ärmellosen Kleid scheint sie in ihren Achseln jeweils ein Meerschweinchen zu verstecken. So viel zum Thema glattrasiert. Den Rest mag ich mir gar nicht vorstellen.

Es kann ja jeder machen, wie er mag. Der eine hat einen Flokati im Schritt, der andere eine Landebahn. Wieder andere vielleicht das Konterfei von Mick Jagger. Und wenn es ganz schlimm kommt, sieht man oberhalb der Schenkel halt aus wie Donald Trump auf dem Kopf.

Bei guten 30 Grad Außentemperatur kann ich jede Frau verstehen, die nicht noch ein eigenes Wollkleid unter der Wäsche oder dem T-Shirt tragen will.

Aber das Ganze in der S-Bahn auszudiskutieren, halte ich für weit haariger als die Sache an sich. Mir fallen nur noch Sprüche mit Haaren ein.

An dem gehörten Dialog kann ich kein gutes Haar lassen, ich finde an jedem Satz das Haar in der Suppe und lasse mir ob des Schweißausbruches des Herrn gegenüber graue Haare wachsen.

Dann schaue ich wieder aus dem Fenster.

Als die beiden aussteigen, werfe ich einen Blick auf ihre nackten Beine. Bei der Meerschweinchen-Trägerin ist das Beinkleid wie erwartet etwas dichter.

Bei der Glatten hingegen kann ich kleine Schnittverletzungen an den Beinen erkennen. Sie sollte vom Nassrasierer wohl doch besser Abstand nehmen.

Und gedanklich lege ich ihr ein paar Kaltwachsstreifen ans Herz. Oder eben auf die Waden. Und irgendwie freue ich mich, dass es sich wieder einmal bewahrheitet hat. Frauen sind so vielfältig wie nur was. Egal, wie haarig das Thema auch sein mag.

Diese und jene Geschichten aus dem Alltag einer erwachsenen Frau

Halt den Kerl bloß fest

– Das einzige Ziel der Schönheit?

Ist es nicht eigenartig, wenn die eigene Schönheit oft nur als Mittel zum Zweck betrachtet wird? Man ist schön genug für dieses oder jenes oder noch besser für diesen oder jenen? Was nun, wenn das eigene Bewusstsein anderen Menschen eine ähnliche Denke unterstellt? Ist das Ergebnis dann, dass jede Frau, die schöner ist als ich, nur existiert, um mich zu ärgern oder mir in die Quere zu kommen?

Neben der Sorge, dass andere schöner oder besser sind oder einfach nur anderweitig von Gott bevorteilt wurden, neigen manche Frauen zu einem Irrglauben. Und zwar zu dem Irrglauben, dass andere aus dem einzigen Grund attraktiv sind, um sich einen Mann zu schnappen. Im schlimmsten Falle ihren. Und wie sich das dann anfühlt, erlebte ich erst kürzlich.

Es ist Samstagmorgen. Ich gehe Brötchen holen. Ein bisschen verschlafen bin ich noch. Hab ich doch nachts um 3 Uhr noch einen Party-Shuttle für Tochterkind gemacht. Muss eine tolle Party gewesen sein. Sie war beim Abholen hellwach und ich lenkte das Auto mit herabfallenden Augenlidern. Egal. Jetzt ist es immerhin fünf Stunden später.

Der Weg zum Bäcker ist leicht. Kriegt man auch mit akutem Schlafdefizit hin. Raus aus dem Haus, links, zweihundert Meter, links, hundert Meter. »Guten Morgen, fünf Kürbiskern, bitte.«

Vor dem letzten Linksabbiegen kommt mir auf dem Gehweg eine kleine Familie entgegen. Er (nennen wir ihn mal Wilfried) schiebt einen Kinderwagen. Und sie (Gerlinde genannt) trottet hinterher. Aller Müdigkeit zum Trotz bin ich gerne freundlich.

Und deswegen grüße ich das Dreierpaket mit einem netten »Guten Morgen.«

Wilfried zuckt kurz zusammen und grüßt zurück.

Ich habe kaum Zeit, über seine Schreckhaftigkeit nachzudenken, als Gerlinde ihn anblökt, was denn das wieder solle. Sie bleiben stehen und ich gehe ganz langsam weiter. Interessiert mich ja nun doch, was Wilfried da verkehrt gemacht haben soll.

Innerhalb weniger Sekunden macht Gerlinde ihrem Kinderwagen schiebenden Gatten die Hölle heiß – weil er mit wildfremden Frauen flirtet! Geradezu angebaggert habe er mich, meint sie.

Der arme Kerl, denke ich mir. Wenn sie schon bei der Antwort auf ein »Guten Morgen« so reagiert, was hätte sie gemacht, wenn ich ihn nach dem Weg gefragt hätte? Hätte sie ihm die Wickeltasche um die Ohren geschlagen?

Liebe Gerlinde (oder wie auch immer du in Wirklichkeit heißen magst), es ist nicht so, dass dein Mann euren Nachwuchs in die nächste Hecke geschoben und animalisch schreiend auf mich drauf gesprungen wäre. Er hat auch nicht hysterisch lachend seinen Ehering vom Finger gerupft und in den Gulli geschmissen.

Er hat nur schlicht und völlig normal einen Gruß erwidert. Und das auch noch überaus erschrocken. Ich halte dir mal zugute, dass du vielleicht noch in einer postnatalen Hormonschwankung verharrst und dein Familienanspruch einfach ein bisschen überbordet. Ich kann dir aber bloß den Rat geben, deinem Gatten ein »Guten Morgen« zu netten Menschen zu gestatten. Sonst hast du in ein paar Jahren einen Mann, der »Gute Nacht, Schatz!« sagt. Allerdings nicht mehr zu dir. Das hast du überhaupt nicht nötig. Also mach dich locker. Alles wird gut.

Ganz fix abgehängt

– älter, schneller, besser

Der Gedanke, dass ältere Menschen nur noch Fortschritte im Nachlassen und Welken machen, ist außerordentlich fahrlässig und meistens verkehrt. Das gilt nicht nur für einen selbst, sondern auch für alle, denen man begegnet.

Schärpe hin oder her. Auch an mir nagt hin und wieder der Zahn der Zeit. Es klingt dann nur nicht mehr so knackig wie ein Biss in einen saftigen Apfel, sondern eher wie das müde Knuspern an einer in die Tage gekommenen Karotte.

Auch wenn meinem Image als Miss und Model ein lautes »in voller Blüte stehend« mitschwingt, fühle ich an ganz seltenen, dafür aber schlechten Tagen ein zartes »Na wird's schon welk?« Zumindest ganz, ganz leise.

Ja, ich finde mich gut und freue mich, dass ich bin, wie ich bin und aussehe, wie ich aussehe, aber Optimierung durch Bewegung hat ja noch keinem geschadet.

Vor einiger Zeit habe ich – entgegen meinen bisherigen Gewohnheiten – begonnen, regelmäßig zu trainieren. Laufen, stretchen und Hanteltraining.

Das physische Welken gilt es schließlich aufzuhalten.

Man kann Cellulite nicht in jeder Situation vorteilhaft ausleuchten, man kann sie – wie ich wusste – nicht abfackeln und auch die Erdanziehungskraft fordert diverse Körperteile heraus.

Ausreden bringen nichts, es sei denn, man denkt sie sich beim Joggen aus.

Also nichts wie rein in die Turnschuhe, meinen uralten MP3 Player angestöpselt und husch, husch raus in Richtung See. Hin, zwei Runden herum und wieder zurück. Das ist der Plan. Also trabe ich munter los.

Das letzte Stück bis zum See ist eine etwa achthundert Meter lange Gerade.

Und da sehe sich sie auch schon. Knapp zweihundert Meter vor mir biegen sie ein. Ich ächze.

Unsere Seniorengruppe, die sich ebenfalls Richtung See in Bewegung setzt. Zirka fünfzehn Mann beziehungsweise Frau stark und ausgestattet mit Hightech Nordic-Walking-Stöcken.

Alle deutlich über die siebzig.

Das ist jetzt doof, denke ich mir. Selbst wenn ich nicht jogge, sondern nur schnell gehe, werde ich gleich meine Kopfhörer aus den Ohren nehmen müssen, fünfzehn Mal »Guten Morgen!« sagen und dabei unkoordiniert den Parcours durch die Nordic-Walking-Stöcke nehmen.

Hach, das ist doch wie eine Trecker-Parade durch die Innenstadt. Nett anzusehen, aber sie hält einen auf.

Und so laufe ich weiter, höre meine Musik und bereite mich in Kürze auf die ersten Überholmanöver vor.

Nach zwei Liedern fällt mir auf, dass die Gestalten mit den Stöcken noch keinen Meter näher bei mir sind. Ganz im Gegenteil. Die ersten zehn der Gruppe haben sich offensichtlich sogar ein bisschen abgesetzt.

Hallo? Ich laufe so zügig wie immer. Trainieren die jetzt auch heimlich nachts?

Ich lege einen Gang zu. Mittlerweile haben wir den See erreicht. Vielmehr ich habe ihn erreicht. Die Running-Rentner sind schon um das erste Viertel herum. Wieso habe ich Idiotin nicht einfach die andere Richtung eingeschlagen? Also entgegen dem Uhrzeigersinn. Dann würde mir jetzt nicht so deutlich klar werden, dass die walkenden Pensionäre mich eiskalt abgehängt haben.

Bei der Hälfte der Runde kann ich endlich aufschließen und sogar überholen. Allerdings nur, weil die Herrschaften gerade in Höhe der Tischtennisplatten ausgiebig Dehnungsübungen machen.

Ich bin ein wenig demoralisiert. Klar finde ich es toll, wenn die hier so sportlich unterwegs sind. Allerdings würde der Gedanke, nicht in diese Gruppe aufgenommen werden zu können, weil ich schlichtweg zu langsam bin, mich nachhaltig frustrieren.

Als ich vorbeitrabe, grüßen sie mich freundlich. Ja, klar. Wahrscheinlich feuern sie mich jetzt insgeheim an. Nach dem Motto »Sie schafft es hoffentlich noch bis nach Hause, das junge Ding ist doch erst fünfzig«.

Eins ist mir klar, künftig werde ich mich noch häufiger umdrehen, wenn ich beim Laufen bin. Es könnte sich ja ein Rudel olympischer Rentner von hinten nähern. Und unter diese spitzen Stöcke möchte ich nun nicht kommen.

Ansonsten kann ich nur sagen: Respekt!

Man kann nicht immer schön sein

– Wo ist die Tarnkappe, wenn man sie braucht?

Egal, wie sonnig das Gemüt ist, dein Körper erinnert sich hin und wieder recht gut dran, dass fünfzig Jahre schon mal ein guter Grund sein können, sich morsch und ein bisschen mürbe zu fühlen. Und wenn er nicht edel getarnt wird, sieht er auch noch so aus.

Seit Montag ist schon wieder Essig mit meinem Training. Mein Gang ist geschmeidig wie der von Pinocchio nach einem langen harten Winter. Ich bewege mich, als hätte ich Schmerzen. Und warum mach ich das?

Weil ich Schmerzen habe! Ich habe die Volkskrankheit. Ich habe Rücken!

Mit fünfzig keine Seltenheit, aber das macht es nicht schöner.

Das morgendliche Aufstehen entspricht einem heftigen Workout. Es fühlt sich an, als hätte ich ein Gewinde vom Steiß bis in den Kopf.

Ich komme nicht umhin, zu meinem Hausarzt zu gehen. Er und ich kennen uns schon seit gefühlt hundert Jahren, was ja auch hinkommt. Wir sind beide Jahrgang 67.

Im Wartezimmer bleibe ich stehen. Setzen geht schlecht, es würde bis zum Ende der Sprechstunde dauern, bis ich mich wieder erheben könnte.

Es dauert nicht lange, bis ich ein bisschen windschief erst zur Blutabnahme gehe und anschließend ins Behandlungszimmer wechsle.

Wieso eigentlich Blutabnahme? Ich habe Rücken und keine Infektion, die mich über Nacht zu einem Stück Holz hat mutieren lassen. Aber egal, jetzt ist es schon raus. Dann können sie es auch behalten.

Der Doc kommt und wir begrüßen uns freundschaftlich.

Er lacht über meine Körperhaltung, und ich mache ihn darauf aufmerksam, dass er an Körpergröße seit dem letzten Treffen sicher auch schon wieder zwei Zentimeter eingebüßt hat. Wie gesagt, wir kennen uns ewig.

Er beginnt, meine Wirbelsäule zu bearbeiten, und als die Sprechstundenhilfe das Zimmer betritt, muss sie den Eindruck haben, wir ergänzen das Kamasutra um ein paar Kapitel. Rittlings sitzen wir auf der Liege, er hinter mir, seine Arme unter meinen verschlungen, versucht er meine Wirbel wieder in die ursprüngliche Position zu zwingen. Es knackt ein bisschen, aber es tut sich wenig. Er zuckt mit den Schultern. Dann heißt es: »Ab zum MRT«.

Ich kann direkt rüberfahren und nach zwanzig selbstmörderischen Minuten in meinem Auto bin ich dort.

Die Dame am Empfang hat sicher schon Schlimmeres gesehen. Mitleidlos schickt sie mich ein paar Gänge weiter. Dort werde ich freundlich empfangen.

»Bitte einmal alles Metall ablegen. Kette, Ring, BH, Hose und Schuhe auch. Den Pulli können Sie anlassen. Slip auch.« Klack! Die freundliche Mitarbeiterin schließt die Tür hinter sich. Okay, ich lege ab. Als ich in Pulli und Slip vor dem Spiegel stehe, nehme ich zwei Dinge wahr: Zum einen ist die Kabine ähnlich brutal ausgeleuchtet wie die Kabinen von H&M, das heißt, jede Delle springt einem ins Auge. Und zum anderen meine Unterwäsche.

Wer hatte noch gesagt: Immer frische Unterwäsche anziehen, man weiß nie, ob man im Krankenhaus landet? Woody Allen? Meine Mutter?

Vermutlich beide.

Frisch aus der Maschine ist ja alles, aber warum musste ich ausgerechnet heute einen Baumwollslip aus einem Dreierpack vom H&M wählen?

So was trag ich doch sonst nur bei Spaziergängen in dicken Jogginghosen im Winter.

Lasches Grau mit blassbeiger Spitze. Letztere löst sich sogar schon an manchen Stellen ab. Zum Glück kennt mich hier keiner. Ich lehne mich wartend an die Wand und versuche, den Blickkontakt mit dem Spiegel zu vermeiden.

»Ja, Miss Germany 50plus. Ich wusste doch, dass ich den Namen kenne.«

Ich höre die Helferinnen miteinander flüstern.

Sie haben mich erkannt! Und ich stehe hier in Baumwolle, mich dem Gesetz der Schwerkraft beugend, ungeschminkt und mit Schmerzen im Blick. Natürlich muss ich hier nicht sitzen, als würde ich gleich auf den Catwalk von Victorias Secret springen, aber so desolat? Ich setze mich auf den kleinen Hocker und bin frustriert.

Als sich die Tür wieder öffnet, tue ich so, als hätte ich nichts mitbekommen. Was soll ich auch sagen?

»Mit Krönchen sehe ich echt viel schärfer aus und die Schärpe verbirgt in der Regel die schlimmsten Schwachstellen?«

Als sie mich holen kommt, sage ich nichts und lächle ein bisschen gequält.

Aufstehen, ab in die Röhre und Kopfhörer auf.

Wie immer komme ich zu der Erkenntnis, dass Techno-Musik von einem MRT-Patienten erfunden sein muss.

Es wummert, hämmert und knallt. Fehlt nur noch Scooter, der fragt, was der Fisch kostet.

Ein paar Stunden später liege ich Zuhause auf dem Sofa. Der Rücken tut immer noch weh, aber es fällt mir schon leichter, ihn zu ignorieren. Egal. Es wird schon wieder besser. Irgendwann. Und beim nächsten Besuch in der Radiologie trage ich helle Spitze, Make-up und ein Lächeln im Gesicht. Und meine Schärpe nehme ich auch noch mit. Sicher ist sicher.

Von konsequenter Ernährung

– Bleib mir weg mit dem Kram. Weit genug weg. Zu spät!

Du bist, was du isst. Das macht keinen Menschen zur Karotte, aber wenn du dich nicht im Griff hast, könnte es sein, dass dich deine Ernährung bald im Griff hat. Und dieser Griff wird mit jedem Lebensjahr ein kleines bisschen unbarmherziger.

Einer Freundin klagte ich unlängst mein nahrungstechnisches Leid: »Mit zwanzig reichte es völlig aus, fünfzehn Minuten über eine Diät zu sinnieren – und zack war ich zwei Pfund leichter.«

Dieses Glück ist mir heute nicht mehr hold. Jetzt muss ich mir nur vor einer Konditorei die Schuhe binden – und zack hat sich die Sahnetorte in der Auslage schon an meinen Hüften festgesaugt. Und das, obwohl ich gar keine Sahnetorte mag.

Körper werden mit zunehmenden Jahren immer ungnädiger und geiziger, was das Herausrücken von Fettpolstern angeht.

Es ist so, als wolle die handliche Welle zwischen Schambein und Nabel permanent darauf hinweisen, dass schon ab morgen kein Essen mehr im Kühlschrank, im Haus oder im ganzen Land verfügbar sei.

So, wie man mit zunehmendem Alter wirtschaftlich in der Regel vernünftiger aufgestellt ist, legt sich auch der Körper gerne ein Guthaben zu, von dem er in schlechteren Tagen zehren kann.

Ich habe keine Ahnung, in wie viele Mikrofone ich bereits gesagt habe, dass ich esse, was mir passt, und mich auf die Stimme meines Körpers verlasse.

Ja, das ist auch richtig so. Meistens bin ich damit gut beraten. Wenn mein Körper mal nach einem 500-ml-Becher Häagen Dazs »Pralines & Cream« verlangt, lasse ich ihn nicht lange rufen. Manches muss man sich einfach gönnen.

Es wird nur dann problematisch, wenn mein Körper an irgendwelchen Nahrungsmitteln hängenbleibt und diese übertrieben oft verlangt. Problematisch deswegen, weil es sich dabei selten um Salat oder Obst handelt. Das Wort Schokolade zum Beispiel kann mir mein Körper selbst im Tiefschlaf tanzen. Folgenlos bleibt das mittlerweile nicht mehr. Und da ich ja hin und wieder noch als Model irgendwo aufschlage, sollte man den Aufschlag nicht zu laut hören.

Ja, okay, meine Figur ist mir schon wichtig. Ich kann nicht so lange futtern, bis mir die Schärpe nur noch als Gürtel passt.

Und so reiße ich mich regelmäßig figürlich am Riemen. Ganz einfach, damit es nicht allzu sehr aus dem Ruder läuft.

Wenn ich ein Fotoshooting oder eine Modenschau habe, will ich in der Regel vollständig aufs Bild beziehungsweise auf den Laufsteg passen. Also kaufe ich mir in diesen Tagen wieder mal Salat, Tomaten und das ganze bunte Zeug und mache um Chips, Schokolade und Eiscreme einen großen Bogen.

So wie in den vergangenen Tagen.

Da ich aber eine nette Mama bin, kaufe ich doch ein Eis für meine Tochter und etwas Süßes für Kind 1.0.

Schlau wie ich bin, greife ich hier nur zu dem Eis und der Schokolade, die bei mir sowieso nicht auf der Hitliste stehen.

Erdbeereis reizt mich nicht und mit Ritter Sport »Marzipan« kann man mich jagen!

Tja, was sag ich? Problem gelöst. Kinder glücklich und ich komme nicht in Versuchung.

Innerlich klopfe ich mir auf die Schulter.

Weil ich aber noch was an Gemüse vergessen habe, geh ich zurück in den vorderen Bereich des Ladens. Der große Aufsteller neben dem Beerenobst ist mir vorhin gar nicht aufgefallen.

Kann ich da was für? Nein, kann ich nicht! Direkt im Eingangsbereich vom Edeka steht so ein riesiger Aufbau mit diesem Genuss in Nuss-Zeug. Also Edle Tropfen-Dingens in Schokolade.

Ich erinnere mich, dass ich mich mal ganz schrecklich auf diese Form der Süßigkeiten spezialisiert hatte. Kleine Einheiten von Kirschwasser, Zwetschgen- und Birnenschnaps und Himbeergeist im Mantel dunkler Nussschokolade.

Und weil ich später noch einen alten Freund besuchen will, nehme ich gleich mal eine Packung mit. Quasi als Geschenk. Ist ja eingeschweißt und reizt mich überhaupt nicht.

Als ich zuhause die Einkäufe wegräume, habe ich natürlich auch wieder die Pralinenschachtel in der Hand.

Ich kann sie mir ja mal kurz anschauen. Nur mal ansehen. Nicht essen, natürlich. So ein Quatsch. Essen will ich sie gar nicht. Nur mal anschauen.

Während ich noch darüber nachdenke, wie dämlich der Gedanke ist, sich Pralinen bloß anschauen zu wollen, habe ich die Folie schon runter und eines dieser Schokodinger in der Hand.

Mannomann, das ist ja nun doof. Ich kann doch keine Pralinen verschenken, die ich schon mal angelangt habe, oder?

Nee, das geht ja wirklich nicht. Und schwupps, ist das Ding im Mund.

Äh ... ja ... lecker. Aber den Rest sperre ich weg. Verschenken geht ja jetzt nicht mehr, aber ich muss sie aus meinem Blickfeld räumen. Also alle anderen, außer den beiden, die sich nun auch schon wieder in meiner Hand befinden.

Ich horche nach oben. Wenn die Kinder mich jetzt hier so sehen, bricht wieder ein Eckchen aus meiner mütterlichen Konsequenz-Krone.

Habe ich doch vorhin erst gesagt, dass ich auf Salat umsteige. Aber es kommt keiner.

Die Packung landet ganz oben im Regal in der Besenkammer. Nur noch zwei-, dreimal muss ich sie in die Hand nehmen. Mal um nachzuzählen, wie viele noch da sind und mal, um zu verifizieren, dass ich schon wieder zwei verspeist habe.

Jetzt habe ich ein ganz anderes Dilemma. Ich kann nämlich angebrochenes Zeug nicht gerne rumstehen lassen (zumal, wenn für den Konsum der Packung nur einer in Frage kommt), andererseits kann ich doch keine ganze Packung Pralinen aufessen.

Doch! Ich kann!

Den Besuch heute muss ich verschieben. Der Schnaps wirkt auch im Schoko-Versteck.

Ansonsten tu ich einfach so, als wäre nichts gewesen. Und diese dämliche, verführerisch verräterische Verpackung knall ich ganz unten in den Müll. Künftig betrete ich den Edeka nur über den Kassenbereich. Für alles andere bin ich offenbar zu schwach.

Von Hashtags, Verlinkungen und Stalkern

– Man lernt nie aus

Wenn soziale Medien eines ganz sicher nicht sind, dann ist es sozial. Aber vermutlich wollen sie das auch gar nicht sein.

Ich habe in meinem Leben in vielen Bereichen ausgiebig Erfahrung sammeln dürfen. Aus jedem Knick in meinem Lebenslauf ließ sich etwas Neues basteln oder zumindest was draus lernen. Lernen ist nie falsch und man wird auch nicht ernsthaft damit fertig.

Es sei denn, es handelt sich um Mathe. Und auch nur dann, wenn Aufgeben mit dazu zählt.

Nun gibt es aber Bereiche, in denen man Dinge besser versteht und zu anderem wiederum gar keinen Zugang findet. Völlig altersunabhängig.

Und so sitze ich mit meinem Handy auf dem Sofa. Mein Tochterkind sitzt verzweifelt neben mir und sieht mich desillusioniert an.

Es ist nicht so, dass sie mir einen Induktionsherd erklären oder Raumfahrttechnik nahebringen muss. Es geht um etwas viel Banaleres, aber kaum noch Wegzudenkendes: Es geht um soziale Medien.

Genau genommen, um Instagram.

Nachdem ich mir erklären lassen musste, dass Facebook so ziemlich oldschool und schon fast retro ist, setze ich mich seit einiger Zeit mit Instagram auseinander. Geht ja kaum ohne, wenn man jemanden medial erreichen will. Und als »Medienfrau« gleich gar nicht.

»Mist«, denke ich noch. Es hat Jahre gedauert, bis ich selbst die einfachsten Funktionen von Facebook und WhatsApp einigermaßen begriffen habe.

Die normale Nutzung meines Handys treibt mich bisweilen schon in den Wahnsinn.

Wenn bei mir eines garantiert nicht zieht, ist das die Drohung von Mobilfunkanbietern, mir auf Wunsch alle zwei Jahre ein neues Handy zuzusenden.

Alle zwei Jahre dieselbe Quälerei? Wo ist oben? Wo schaltet man es an? Wo geht es lauter? Und in welche Buchse gehört das Bluetooth Headset? Wie, das wird nicht angeschlossen?

Danke, nein danke!

Von mir aus könnten Telefone auch noch Kabel haben, und Google würde sich nicht laufend mit »Was kann ich für dich tun?« einschalten, wenn das Mikrofon irgendwelche Gesprächsfetzen von mir aufnimmt.

Nun gut. Tochterkind sitzt neben mir und weiht mich in die Kunst des Instagrammens ein. Offensichtlich habe ich hier alles falsch gemacht, was man falsch machen konnte. (Nein Mama, nicht jedes Bild gehört in deinen Feed, das sollte in die Story.)

Außerdem wird mir nochmal der Unterschied zwischen Thematisieren (Hashtag) und Markieren (@ und dann den Namen) auseinanderklamüsert.

Mittlerweile kenne ich den Unterschied zwischen bleibenden Beiträgen und Bildern, die man dann in meiner Story für vierundzwanzig Stunden sehen kann.

Ich glaube, ich brauche hier länger als die Durchschnitts-Mutter. Zumindest dem Gesichtsausdruck meiner Tochter zufolge.

Bei Instagram gibt es viel Interessantes für mich, womit ich mich foto- und filmtechnisch verkünsteln kann. Zum Beispiel Boomerangs.

Das sind kleine Filmsequenzen, die sich selbst immer wieder vor- und zurückbewegen.

Wenn meine Tochter einen Boomerang postet, wie sie das Haus verlässt, könnte ich mir das Filmchen hundert Mal ansehen (zumal sie ja – Boomerang sei Dank – immer wieder zurück ins Haus geht, das gefällt mir).

Möchte ich einen Boomerang machen, wie ich das Haus verlasse, sieht man erst mal nix, weil das Handycover immer wieder zuklappt. Dann sieht man mal meine Haare und die Tür, und beim dritten Mal sieht man nur, wie ich verzweifelt versuche, mein Handy vorm Herabfallen zu schützen. Gäbe es beim Boomerang Ton, würde man mich dort auch vorwärts und rückwärts fluchen hören. So kommt es halt, dass meinen Followern eine Kurzreportage über meinen Ausgang vorenthalten bleiben wird.

Aber das zentrale Element sind die Fotos, die jeder von sich selbst macht. Mal mit und mal ohne Stick. Ein Markt für sich, dieses Selfie-Gesumse.

Wenn ich die Sport-Selfies der Damenwelt ansehe, wirken alle, als seien die Fotografinnen bis ins Mark motiviert, frisch mit der neuesten Kollektion von Nike ausgestattet und ohnehin gerade erst volljährig geworden. Und das sogar bei über Sechzigjährigen. Das sieht toll aus.

Ich bin jedes Mal erstaunt. Sehen doch meine Sport-Selfies so aus, als hätte ich chronische Diarrhoe und meine Sportsachen wären vom Flohmarkt. Bin ich eigentlich die Einzige, die beim Sport schwitzt?

Und es muss noch nicht mal Sport sein.

Die ganz normalen Selfies sind auch nicht immer besser. Also, wenn ich sie selbst gemacht habe. Was ja ein Selfie eben ausmacht.

Vergrößert diese Funktion Nasen eigentlich generell? Sieht es immer so aus, als ob ich schiele, weil ich erst schauen muss, wo denn nochmal das Objektiv ist?

Hach, ich werde es nie so hinkriegen, dass man bei meinen Selfies kein Mitleid bekommt.

Aber Selfies sind ja nicht alles. Man postet ja auch sein Essen. Nun sehen Mirácoli aber halt nicht so dolle aus. Als ich heimlich begonnen habe, die von meiner Tochter gezauberten mega trendy Acaii-Bowls zu fotografieren und zu posten, hat sie mich gerügt und ich habe sie demütig gelöscht.

Jetzt gehen wir halt wieder öfter essen. Dann glauben meine Follower wenigstens, dass ich mich gesund ernähre.

Als das Tochterkind und ich mal aus ein und demselben Lokal unsere medialen Verfolger wissen ließen, dass sie einen Acaii-Bowl genießt, während ich ein eigenartiges Couscous zu mir nahm, erhielten wir beide eine Nachricht. Ein junger Mann schrieb sowohl mich als auch meine Tochter an und fragte nach Kontakt. Er hatte sich wenigstens die Mühe gemacht, uns nicht den identischen Text zu schicken. Aber es war klar, dass das Einzige, was uns Instagramtechnisch gerade verband, die Lokalisierung via Hashtag war. Tochterkind und ich hatten beide den Namen des Restaurants gepostet. Und schon wieder hatte ich was gelernt. Hashtag »Hier bin ich« ruft unerwünschte Kontakt-Begleiter auf den Plan.

Diese Funktion schließe ich künftig für mich aus. Also zumindest, wenn ich irgendwo in Ruhe essen will.

Und wo wir schon mal dabei sind …

– Begehrt zu sein und gerne fotografiert zu werden, macht aus dir keine junge Claudia Schiffer

Wenn du die Beste in einem Bereich sein willst, zu dem du eigentlich gar nicht gehören magst, wird es schwer, ordentlich zu überzeugen. Vielleicht braucht es dann noch ein bisschen, um in das Leben hineinzuwachsen, welches du jeden Tag lebst. 2398 Selfies im Feed machen nämlich noch kein Model. Weder mit sechzehn noch als Best Ager.

Ich kenne berufsbedingt einen Haufen Models. Männlich wie weiblich, und dadurch, dass meine Tochter ebenfalls hin und wieder modelt, auch in jeder Altersklasse.

Zu den Zeiten, als ich noch international vor der Kamera aktiv war, hatten Models in der Regel attraktiv, schlank und gefällig zu sein.

Dann gab es die Zeit, in der man den Eindruck hatte, dass die Mädchen auf den Laufstegen der Welt in erster Linie hochgradig genervt und angepisst aussehen müssen, um erfolgreich zu sein. Und dünn. Sehr, sehr dünn. Quasi kaum noch vorhanden.

Das hat sich glücklicherweise ein bisschen relativiert.

Was mir gut gefällt, ist die Tatsache, dass sowohl Designer als auch Werbetreibende mittlerweile entdeckt haben, dass es Menschen jenseits der Kleidergröße 34 und jenseits der Altersgrenze von fünfundzwanzig Jahren gibt.

Endlich darf die Altersgruppe, die das Geld hat, um das Beworbene zu kaufen, auch in der Werbung mitspielen.

Ich bin froh, hier noch ganz ordentlich im Geschäft zu sein. Obwohl ein Caster mich mal mit einer eigenartigen Erkenntnis überaus irritiert hat.

Es ging um einen TV-Spot und ich erfüllte nahezu alle erwünschten Kriterien. Die Rolle sollte von einer Frau über vierzig gespielt werden. Mutter von zwei älteren Teenagern. Hätte gepasst, aber der Caster kratzte sich am Kopf und meinte bloß:

»Hey, ich mag dich, aber der Chef sagt, wir können keine Negerin für die Waschmittelwerbung nehmen. Das wäre rassistisch.«

Na sowas, dachte ich. Es gab also nicht nur eine Altersgrenze, sondern auch noch eine in Sachen Blödheit, die gerade mit beiden Füßen überschritten wurde.

Nun gut, Krone richten und lächeln. Es muss ja auch kein Waschmittel sein.

Und trotzdem gibt es uns in der Werbung.

Die Altersgruppe der Models jenseits der Grenze zur Adoleszenz. Das freut mich.

Und weil das Ganze einen Namen braucht, heißen wir Best-Ager-Models oder gerne auch Classic- oder Senior-Models.

Aus dem Stand könnte ich gleich zehn aufzählen, die in dem Bereich nicht nur erfolgreich sind, sondern auch eine umwerfende Ausstrahlung haben.

Bei den Männern ist es hier fast ein bisschen leichter, vorne mit dabei zu sein. Graumeliertes Haar, Dreitagebart, Lachfältchen und der wissende Blick kommen deutlich besser an als postpubertäre Burschen mit Undercut und dem gewissen Nichts.

Da wird recht fix für Mercedes, Braun oder auch mal Hornbach Baumarkt gebucht.

Aber auch bei den Frauen tut sich was.

Nehmen wir zum Beispiel Bettina Bihr. Anfang sechzig, lange, dichte, fast weiße Haare und zum Umfallen charismatisch.

Wenn ich eine gute Best Agerin suchen würde, gehörte sie immer zu meiner ersten Wahl.

Ihr Erfolg liegt unter anderem darin, dass sie nicht nur eine schöne Frau von über fünfzig darstellt, sondern, dass sie eine ist. Punkt!

Das genaue Gegenteil zu Bettina gibt es auch. Nennen wir sie Constanze.

Constanze und ich sind beinahe gleich alt und sie ist zweifellos schön.

Sicher nicht weniger schön als Bettina.

Auch sie sagt von sich, dass sie Best-Ager-Model sei, aber ihr Erfolg hält sich nicht nur in Grenzen, sondern ist quasi nicht vorhanden.

Constanze ruft mich an und klagt mir ihr Leid. Sie ist frustriert. Immer wieder weist sie darauf hin, dass ihre Figur, ihre Haut, ihr Haar und einfach alles an ihr mit jeder Endzwanzigerin mithalten könne. Jeder, der ihr Instagram-Profil checkt, könne sich davon überzeugen. Während sie mir im Festnetz von all ihren verzweifelten Versuchen berichtet, bei einer ordentlichen Agentur zu landen, rufe ich ihr Profil auf.

Was soll ich sagen? Wunderschön. Also das, was die zweihundert verwendeten Filter noch von ihr übrig gelassen haben. Auf manchen Fotos würde ich sie gar nicht als die Frau erkennen, die sie ist.

Aber nach den ersten dreißig Bildern schlage ich schon vor Langeweile mit dem Kopf auf die Tischplatte.

»Constanze?«

»Ja, Manu?«

»Alle deine Fotos sehen gleich aus. Close Up (also großes Portrait), alle von schräg oben fotografiert, alle hochgradig bearbeitet und alles Selfies?! Also alle, außer den zwei von deinen beiden Katzen.«

»Ja, schön, nicht?«

»Die Katzen? Ja!«

»Ich kann doch keine unbearbeiteten Bilder von mir posten, dann bucht mich doch keiner.«

»Wirst du jetzt gebucht?«

»Nein!«

Ich schlage mir zweimal mit dem Hörer sanft vor die Stirn. Was soll ich sagen?

»Aber schau mal die tollen Kommentare unter den Bildern.« Constanze ist ganz und gar begeistert von sich.

Ich schaue und stelle fest: Ja, alle toll. Also wenn man es toll findet, dass ein Rudel von Männern, die Zuhause vermutlich noch nicht mal sagen dürfen, dass sie einen Instagram-Account haben, auf diese Bilder sabbert.

Liebe Constanze, der Unterschied zwischen einem erfolgreichen Best-Ager-Model und dir ist, dass du gar kein Best-Ager-Model sein willst. Du willst Claudia Schiffer sein. Claudia Schiffer mit zwanzig.

Ein erfolgreiches Classic-Model sieht aus wie eine attraktive Ü40-, Ü50- oder gar Ü60-Frau und stellt auch genau das dar. Reif, selbstbewusst, mit einer Mimik und Optik, die einer Frau in dem Alter entspricht.

Eine erfolgreiche Best-Ager-Kandidatin ist keine Ü50erin, die aussehen will, als wäre sie Mitte zwanzig. Zwanzigjährige gibt es nämlich im Modelbereich gar nicht so selten. Da wird der Markt für dich schon sehr eng.

Constanze versteht mich nicht. Sie findet sich ohne Zweifel und ohne Ausnahme schöner als alle anderen Frauen in ihrem Alter. Weil sie eben nicht so alt aussieht beziehungsweise aussehen will wie die anderen Frauen in ihrem Alter.

Das Dilemma einer Modelagentur, die eine Mittfünfzigerin buchen will, weil sie eine Frau braucht, die aussieht, wie Mitte fünfzig, mag sie nicht erkennen.

Was soll's.

Constanze, du bist schön, wie du bist. Und ja, du siehst jünger aus als wir alle. Aber ein Model bist du leider nicht. Sei nicht traurig. Ich habe übrigens die Katzenbilder geliked. Die sind echt nett.

In Würde altern

– Zieh das bloß nicht an!

Natürlich ist jeder für seinen eigenen Stil, Look und Ausdruck verantwortlich. Aber manchmal gebietet es die Rücksichtnahme oder der Anlass, hier mal einen Gang runterzuschalten. Oder zumindest ein diskreteres Lächeln aufzusetzen, wenn man schon nicht auf die Glamourbremse treten mag.

»Nein, Mama!!! Dieses Kleid wirst du nicht anziehen.«

Irgendwie interpretierte Tochterkind meinen fragenden Blick vor dem Kleiderschrank als gefährdend.

Ja, okay, es war ihr Abiball, für den ich ein Kleid wählte, ein bisschen Mitspracherecht wollte ich ihr dabei schon gewähren.

Aber so wirkte es, als ob sie ihr Ansehen unter den Mit-Abiturienten durch eine eventuelle Kleiderwahl ihrer Mutter als stark bedroht sah. Und das bloß, weil ich spaßeshalber ein Bauchtanz-Outfit vom Bügel gehoben hatte.

Na ja, ... ich hatte mal einen Rihanna-Auftritt im Latex-Outfit für diesen Tag angekündigt, aber das war ja nur ein Scherz gewesen.

Es war damals eher als Revanche gemeint für die Art und Weise, in der sie sich zu diesem Zeitpunkt kleidete. Heute ist sie stilsicher und ihre Minikleider sind keine Gefährdung mehr im Straßenverkehr.

Ich musste kurz grinsen. »Ist das rote bodenlange Paillettenkleid overdressed?«

»Es ist nicht nur overdressed, es ist ausgeschlossen!« Tochterkind nimmt es aus meiner Hand und hängt es in den Schrank. Weit, weit nach hinten.

Okay, sie schien nun ein bisschen gereizt zu sein. Also schloss ich einige meiner »Ich-könnte-da-jamal-für-Stimmung-sorgen-Kleider« aus.

In der Regel kleide ich mich immer dem Anlass entsprechend. Nie würde ich auf einer Beerdigung im Ronald-McDonald-Kostüm auftauchen oder bei einer Hochzeitseinladung ebenfalls ein Brautkleid wählen.

Es sind dann die Umstände, nach denen ich mich richte. Ähnlich ist es mit meinem Verhalten. Ich würde nie versuchen, mich bei einer Gemeinderatssitzung mit einem neckischen Poledance in den Mittelpunkt zu rücken. Es gibt Dinge, die tue und trage ich nicht, ganz einfach, weil es nicht zur Situation und zum Anlass passt. Altersunabhängig. Und ein Abiball schränkt mich da nicht wirklich ein.

Was ich aber gar nicht mag, sind Aussagen wie:

»Kleide und benimm dich deines Alters entsprechend.«

Wer könnte mir vorgeben, zu tun und zu lassen, was ich tun und lassen sollte? Von wem sollte ich mein Leben und mein Alter maßregeln lassen?

Eine Studie aus England sorgte unlängst für amüsiertes Rebellentum. Hieß es doch, dass Frauen über dreiundfünfzig keine Jeans mehr tragen sollten. Zu sehr würde sie der Kauf dieser Hosen angesichts ihrer welkenden Figur mitnehmen und in den Wahnsinn beziehungsweise zu Tränen treiben.

Kaum war die Studie in den deutschen Zeitungen angekommen, rief meine Freundin Michaela Aschberger gemeinsam mit der Fotografin Tanja Valerién-Glowacz einige Frauen auf den Plan, um das Gegenteil zu demonstrieren. Zu sechst wurde in Jeans, weißem Hemd und außerordentlich weiblich vor Tanjas Kamera posiert. Und ja, ich war natürlich mit dabei.

Keiner, der die Bilder gesehen hat, würde noch darauf kommen, uns dieses Beinkleid in Abrede zu bringen. Frauen über dreiundfünfzig Jeans zu verbieten, wurde zu dem, was es war: eine Lachnummer in Form einer Studie.

Aber immer wieder gibt es Menschen, die sich befleißigt sehen, sich über das Leben und Verhalten anderer aufzuregen.

Dann wird auch schnell mal aufgefordert »in Würde zu altern«.

Und was soll das sein? Muss man sich nach dem sechzigsten Geburtstag prinzipiell ein Socken-Strickset kaufen und alle Verwandten mit neuem Fußkleid erfreuen? Sitztanz als Alternative zu Pilates und Poweryoga? Ab wann altert man in Würde? Was, wenn Helga mit über fünfundsechzig Swingerclubs für sich entdeckt und Sarah mit Mitte siebzig herausfindet, dass Kleider in Knallfarben ihre Persönlichkeit viel mehr unterstreichen als das farb-unlustige Mausgrau und das einer Wasserleiche ähnliche blasse Beige?

Bedeutet in Würde zu altern, angepasst unter jedermanns Radar dahin zu rosten und sich zu überlegen, ob einem Eiche, Mahagoni oder doch preisgünstige Kiefer gut zu Gesicht steht?

Mir ist jeder Mensch mit fünfzig, sechzig, siebzig oder auch älter, der sich und sein Leben auf seine Weise feiert, tausendmal lieber, als die Gestalten, die nichts Besseres zu tun haben, als sich selbst als Moralinstanz zu betrachten. Jemand kleidet sich bunt und auffällig?

Prima! Grau gibt's genug!

Jemand singt, spricht und feiert laut und ausgelassen? Klasse! Wir liegen alle noch beizeiten still und kerzengerade in Holzkleid.

Menschen wie die lebenslustige, weit über neunzigjährige Modepionierin Iris Apfel mit ihrer riesigen Brille oder die wahnsinnig attraktive Carmen Dell'Orefice, die immer noch als Model vor der Kamera steht, altern meines Erachtens hochgradig in Würde. Weil sie in Würde leben. Sie würdigen ihr Leben. Auf ihre eigene Art.

Das Leben derer, die meinen, sie müssten blass, farblos und altersgerecht unauffällig in der Ecke sitzen, ist keine Orientierung für sie.

Wenn ich mir Kleider kaufe, steht auf dem Etikett eine Größe und nicht »Für Vierzig- bis Sechzigjährige«.

Natürlich möchte man niemanden vor dem Kopf stoßen, weil man unpassend gekleidet ist oder sich unpassend benimmt. Aber in beiden Fällen sollte das »passend« oder »unpassend« nicht vom Alter her bestimmt sein.

Wenn ich im Rahmen meiner Hospizarbeit unterwegs bin, ist es völlig unwichtig, was ich anhabe. Meistens trage ich Jeans und Pulli. Manchmal auch Jogginghose. Eben weil es bequem ist und mein Fokus auf dem Patienten liegt. Ich saß aber auch schon mal im Abendkleid an einem Sterbebett. Ganz einfach, weil ich von einem Galaabend abgerauscht bin und keine Zeit mit Umziehen verschwenden wollte. Man könnte sagen, dass hier die Kleidung unpassend war. Aber meinem Patienten und mir war es egal.

Ihm war wichtig, dass ich da bin. Wie ich aussah, spielte keine Rolle.

Überhaupt offenbart sich im Umgang mit alten, kranken oder sterbenden Menschen ganz viel »passend« und »unpassend«. Am Ende sind viele Dinge einfach unwichtig, und wenn man alles richtig macht, macht man nur noch, was man will.

Im Pflegeheim begegne ich zum Beispiel regelmäßig Frau A.

Eine alte Dame. Eigentlich. Aber tatsächlich eines der schärfsten Geschosse, die ich kenne.

Vierundneunzig Jahre alt und trotzdem immer noch viel unterwegs. Frau A. trägt gerne Rollkragenpullover zur Schiebermütze. Dazu Cordrock und ellbogenlange Handschuhe. Jeden Tag läuft sie ihre Runden, und wenn man sie auf ihre tolle Erscheinung anspricht, sagt sie, dass sie noch viel Zeit hätte, um sich in Kleiderfragen als Alte zu bekennen. Bis dahin bleibt sie eben jung, bringt ihre Rente unters Volk und hat dabei immer ein breites Lächeln im Gesicht. Sie hat im Krieg ihren Bruder verloren, an dem sie sehr hing. Und sie ist sauer, dass sie diese offene Rechnung nicht mit körperlicher Gewalt ihrerseits bei den Verantwortlichen begleichen kann. Wenn ihre Augen dabei wütend funkeln, bin ich froh, dass ich mit ihr keine Rechnung offen habe.

Vierundneunzig Jahre hin, Rollator her, die Dame hat noch jede Menge Feuer. Viele Menschen sind schon mit Mitte dreißig älter als Frau A. Sie sagt, sie ist fit, und sollte sie mal dement werden, klebt sie sich Glitzeraufkleber auf den Rollator. Dann ist sie eben die etwas eigenartige Frau mit dem Glamour-Touch. Aber das hat auch noch Zeit. Und dann geht sie federnden Schrittes in den Supermarkt und kauft sich neuen Nagellack.

Wenn einige Menschen bloß einen Hauch dieser Frau hätten, wäre die Welt ein bisschen bunter. Und sie hätte ordentlich Glitzer an den entscheidenden Stellen.

Jeder, der mir sagt, wie ich zu leben oder zu altern habe, kann sich getrost abwenden. Das werde ich nicht tun.

Wenn ich mit achtzig am Strand von Hawaii mit sechzigjährigen, jugendlichen Liebhabern surfen gehen will, ist das meine Sache. Ich werde die aufregendste Großmutter dieses Planeten.

Meinen Enkeln kann es passieren, dass sie mich hin und wieder bei der nächsten Polizeiwache abholen müssen. Weil ihre Oma vielleicht über die Stränge schlägt.

Aber die, die so eigenartig in Würde altern, weil es andere von ihnen erwarten, sollten nachdenken, während sie weiterhin unauffällig dem Gras beim Wachsen zuschauen.

Denn auch ihre Zeit, in der sie das von oben tun können, läuft ab. Von unten betrachte ich es auch irgendwann mal. Allerdings nicht mit falscher Würde, sondern mit einer Menge aufregenden Lebens im Gepäck.

Und wenn es geht, gerne auch Ü100.

Emanzipation

– Ein Kampf für oder gegen?

Sich mit aller Kraft und vollem Einsatz für gute Ideen einzusetzen, kann eine gute Sache sein. Aber mit großem Geschrei das Ziel aus den Augen zu verlieren und nur noch wild um sich zu schießen, ist nie eine gute Sache. Auch, wenn es sich etabliert hat.

Halleluja, ich bin eine erwachsene Frau, die sich nicht mehr in jeden Kampf schmeißt, bloß weil jemand mit wehenden Fahnen durchs Land zieht und proklamiert, was richtig, falsch, zu vertreten oder zu bekämpfen sei. Ich muss keine Meinung teilen. Ich bin froh, im Laufe der Jahre gelernt zu haben, mir eine eigene Meinung zu bilden. Genauso froh bin ich, diese auch noch vertreten zu können, ohne gleich an ein paar kritischen Worten zu sterben.

So ist es zum Beispiel mit der Emanzipation. Also mit jener Form der Emanzipation, wie sie von einigen am liebsten mit nahezu aggressiver Überzeugung gefordert wird. Eben dann, wenn es sich nicht mehr um eine Bewegung zur Gleichstellung der Frau, sondern nur noch um einen Kampf gegen den Mann handelt.

In der ursprünglichen Definition beschreibt der Begriff Emanzipation zwei Dinge. Zum einen Gleichheit, Selbstständigkeit und die Befreiung aus einem Zustand der Abhängigkeit.

Und zum anderen: rechtliche und gesellschaftliche Gleichstellung der Frau mit dem Mann.

So weit, so gut. Und es ist grandios und bloß fair, dass ich als Frau den gleichen Wert und die gleichen Fähigkeiten habe wie ein Mann. Wenn man von der Fähigkeit des Kinderzeugens oder des Gebärens mal absieht.

Aber wo zum Teufel steht nun, dass ich jedes Mal durchdrehen und mich aufregen muss, wenn mir ein Mann die Tür aufhält? An welcher Stelle werde ich rückfällig in die emanzipatorische Steinzeit, wenn mir ein Mann in den Mantel hilft?

In welchem Moment wurde die Emanzipation der Frau zu einer Bewegung gegen den Mann?

Natürlich sollte jede Frau für die gleiche Leistung die gleiche Vergütung erhalten. Gleiche Rechte in allem, was zählt. Das steht völlig außer Frage. Und dass es dafür zu kämpfen gilt, ist absolut gerechtfertigt und unterstützenswert. Ein Dank an jede Frau, an jeden Menschen, der sich jemals dafür eingesetzt hat.

Aber was ist mit den Dingen, die im Windschatten des Begriffes Emanzipation zu einer Jagd auf bestimmtes Verhalten werden?

Ich helfe doch auch einer Freundin in den Mantel. Ganz einfach, weil es nett ist, zu helfen. Meiner Mutter, Schwester, Kollegin, Bekannten halte ich die Türe auf, wenn ich die Klinke als Erste in der Hand habe, und noch nie hat eine von ihnen versucht, mir die Tür aus der Hand zu treten, weil sie es selbst kann.

Ich, du, er, sie, es kann viele Dinge selbst. Aber ist es nicht schön, wenn man mit einer Geste gezeigt bekommt, dass der andere einfach nur höflich sein will?

Wie frustriert muss ich sein, um diese Dinge nicht nur abzulehnen, sondern zu verteufeln?

Ich bin außerordentlich dankbar, wenn mir jemand hilft. Egal, ob es darum geht, in den Mantel, aus einem Gebäude oder mit meinen Absätzen aus dem Rinnstein zu kommen. Völlig unabhängig davon, ob die helfende Hand einer Herta oder einem Herbert gehört. Niemals würde ich mit dieser Dankbarkeit unterstellen, dass ich mich als schwach oder den anderen als überlegen betrachte. Es sind für mich lediglich Gesten, die das Leben leichter machen.

Sollte sich jemals ein Mann mit den Worten: »Lass das Püppi, dafür braucht es einen echten Kerl« in den Dreck werfen, um mit seiner Krawatte den Auspuff zu fixieren, nehme ich auch diese Hilfe gerne an.

Ich bin zwar versiert genug, das Ganze mit Draht oder Kabelbinder selbst auf die Reihe zu bekommen, aber warum sollte ich? Nur weil ich es kann? Gehört es nicht auch zum emanzipiert Sein, seine Energien auf wirklich wichtige Dinge fokussieren zu können?

Ich habe in meinem Leben zum Beispiel unzählige Getränkekisten aus Kofferräumen ins Haus getragen. Warum sollte mein Sohn mich dabei unterstützen dürfen, aber mein Lebensgefährte oder Nachbar nicht? Ist es nicht vielmehr so, dass ich eher unemanzipiert bin, wenn ich hier zwischen gestatteter Hilfe und verbotener Unterstützung unterscheide?

Ich kann auch heute noch problemlos eine Kiste Sprudel in den Keller bringen. Aber ich habe auch die Reife, mir Dinge abnehmen und mich unterstützen zu lassen, wenn mir jemand unter die Arme greifen will. Und das, ohne mich gleich in meiner Weiblichkeit als schwaches Geschlecht oder irgendwie abhängig zu fühlen. Denn wenn keiner da ist, kann ich alles immer noch ganz prächtig alleine. Und dieses Wissen reicht mir völlig.

Mängelexemplar

– Nicht jedes Klischee zieht

Wenn man so ist, wie es erwartet wird, »erfüllt man den Standard« oder »entspricht den landläufigen Ansichten«. Ob das nun als Anreiz gilt, artgerecht unter jedem Radar zu fliegen, sei jedem selbst überlassen.

Jedes Alter, jedes Geschlecht, fast alles hat sein Klischee. Das ist auch oder gerade bei Frauen über fünfzig nicht anders.

Wenn man Hollywood glauben darf, bleiben Damen meiner Altersklasse nur drei Möglichkeiten zur Freizeitgestaltung.

Möglichkeit 1: Wir hätten zum einen die Not, uns mit der zwanzigjährigen Geliebten unseres Gatten auseinanderzusetzen, wohnen dafür aber mietfrei und treffen uns regelmäßig mit unseren Freundinnen im Fitnessstudio.

Möglichkeit 2: Wir halten uns – je nach Verfassung – einen jugendlichen Liebhaber, trinken abends Sherry, weinen über unseren Verfall und gehen frustriert ins Fitnessstudio.

Möglichkeit 3: Wir sind extrem erfolgreiche Businessfrauen, die im Designerkostüm ihren Mann stehen. Und gehen abends ins Fitnessstudio. Dann aber Pilates.

In irgendeinem Film wurden Frauen, die sich von Klischees abheben, als Mängelexemplare bezeichnet, da man sie in ihrem Verhalten schlecht einschätzen könne.

Was diese Dinge angeht, bin ich offensichtlich ein Mängelexemplar. Und ich bin es gern.

Allein meine Hobbies entsprechen so gar nicht dem, was man einer Frau über fünfzig zuschreibt.

Schon deswegen, weil ich passionierte Hobby-Handwerkerin bin. Statt bei Sherry, Liebhaber und Fitnessstudio blühe ich in einem ordentlich sortierten Baumarkt erst richtig auf. Wie das aufgenommen wird, erlebte ich erst kürzlich:

Meine Terrasse ist defekt. Einige der Bretter haben sich nicht nur gelöst, sondern sie biegen und brechen bei Belastung durch. In der Holzabteilung des Baumarkts werde ich nicht fündig, also frage ich am Infostand nach Terrassenhölzern in der richtigen Dicke, Breite und Holzart. Auch über eine Aufrüstung der Trägerbalken möchte ich mich informieren.

Der Verkäufer schaut an mir vorbei, als würde er hinter mir, irgendwo zwischen dem Zement und dem Eisenwarenregal, mit dem plötzlichen Erscheinen eines potenziellen Ehemannes rechnen. So einen, der mich sanft zur Seite schiebt und sagt: »Ich mach das schon, Schatz!« und sich dann mit dem Baumarktmenschen von Mann zu Mann austauscht. Aber da taucht keiner auf.

Ich spreche über die Riffelung der gewünschten Terrassenbedeckung. Je mehr ich ins Detail gehe und je technischer das alles wird, umso größer wird der Widerstand in meinem Gegenüber.

Irgendwann langt es mir und ich frage direkt, womit er ein Problem habe. Dann kommt die ehrliche Antwort: »Wollen Sie das nicht lieber einen Mann, äh ... Entschuldigung, Fachmann machen lassen?«

Ich atme ein und atme aus. Ganz ruhig. Es hat keinen Sinn, ihm nun entgegenzubrüllen, dass Frauen weit mehr können als sich die Nägel zu lackieren, Sherry zu trinken und Mittagessen zu kochen. Und selbst das machen sie nur nebenbei.

Der Herr hinter dem Tresen meint es sicherlich nicht böse. Aber für ihn bin ich nun mal eine Frau in einem Alter, die solche Dinge nicht selbst in die Hand nimmt. Und das in Zeiten, in denen Frauen ganz selbstverständlich Bundeskanzlerin werden können oder als Astronautin zum Mond fliegen.

Schon bei der Hochzeit mit dem Vater meiner Kinder löste mein Hang zum Handwerken Überraschung aus. Und da war ich erst Mitte zwanzig.

Ich hatte mir nämlich von meinem damals noch und frisch Angetrauten den aktuellen Schlagbohrer von Bosch gewünscht. Die anwesende Presse fragte mich nach der Trauung neugierig nach meinem Hochzeitsgeschenk.

Und höchst beglückt berichtete ich, dass ich das gewünschte Werkzeug bekommen habe. 600 Watt, Zusatzhandgriff, Holz, Stein, Beton, Stahl. Ich strahlte mit dem Wissen, dass mich bohrtechnisch nun nichts mehr aufhalten würde, in verständnislose Gesichter.

»Kein Schmuck? Nichts Romantisches?«

Nein, eine Bohrmaschine! Hurra!

Ich habe das Mängelexemplar-Sein also schon recht früh praktiziert.

Selbst im Traum entspreche ich nicht dem Klischee, das man Frauen über fünfzig gerne zugesteht.

Einer meiner schönsten Träume ist es nämlich, gemeinsam mit meiner kleinen Schwester Angela eine Nacht im IKEA eingesperrt zu sein. Nur sie, ich, eine Hand voll Inbusschlüssel und haufenweise Billy-, Lack- und Hemnes-Regale. Und nur interessehalber: Meine kleine Schwester Angela ist lediglich ein Jahr jünger als ich. Und sie träumt dasselbe.

Hilfen für Senioren

– so viele unerwartete Angebote

Alles hat seine Zeit, und jede Zeit bietet Anhaltspunkte, in Schubladen und Zielgruppen einsortiert zu werden. Ob das immer gleich passt, sei mal dahingestellt.

Wer hat gepetzt? Ich kriege zurzeit auffällig häufig Werbung für Treppenlifte und Produkte, die mir das Leben im Alter erleichtern sollen.

Schicke Rollatoren und Pflegeprodukte für den Menschen jenseits der »Ich-baue-ein-Haus-und-pflanze-einen-Baum-und-zeuge-ein-Kind«-Grenze.

Sogar auf die Möglichkeit, selbst jetzt noch eine Versicherung abzuschließen, die meine Bestattung nach meinen Wünschen abdeckt, werde ich hingewiesen.

Nun sollte es also der Lifta-Treppenlift sein. Der soll mich sicher und bequem nach oben in den ersten Stock bringen, wenn ich es nicht mehr selbst hinkriege.

Im Großen und Ganzen völlig unnötig. Selbst auf Vierzehn- Zentimeter-Absätzen schaffe ich hier noch Bestzeiten.

Vermutlich würde ich nachts nur in schlaftrunkenem Zustand über den ausgeklappten Sitz des Treppenliftes fliegen und mir beide Beine brechen. Ja, dann bräuchte ich natürlich so ein Ding.

Bettschutzeinlagen und faltbare (!) Gehstöcke werden mir ebenfalls vorgeschlagen. Und Sitzerhöhungskissen, die vermeiden sollen, dass ich so tief auf meinem Sofa einsinke, dass ich ohne fremde Hilfe nicht mehr aufstehen kann.

Es ist schon ein bisschen verstörend, wie das Internet Angaben und Daten verbrät, die man irgendwann irgendwo gemacht hat. Bestellt man mal ein Buch über Schwangerschaften, kann man sicher sein, wenige Monate später jede Menge Vorschläge für junge Eltern oder fürs Neugeborene zu erhalten.

Für einen Hochzeits-Gag habe ich mal ein Sex-Spielzeug-Set mit rosa Plüsch bestellt. Kaum vorstellbar, was ich seitdem für Vorschläge erhalte.

Bis jetzt zumindest.

Jetzt kommen Gehhilfen statt Puschel-Peitschen.

Wenn man nicht permanent an seine Altersgruppe denkt, erinnert einen das Netz gerne mit diesen Produkthinweisen dran. Ein bisschen demoralisierend ist das schon.

Wobei: So einen Treppenlift könnte ich mir irgendwann schon mal installieren lassen. Und wenn ich Enkel habe, bin ich die Oma mit dem coolen Karussell im Haus.

Mit gutem Beispiel voran

– Sport im Urlaub

In der Regel hat man gar nichts Fieses im Sinn. Und gerade dann ergibt sich völlig versehentlich die Situation, in der man harmlose Zeitgenossen demoralisiert. Motivation sieht nämlich nicht immer und für jeden gleich motivierend aus.

Urlaub? Herrlich! Mein Beruf? Ebenfalls genial! Beides zu verbinden? Nicht zu toppen!

Und so sitze ich unlängst auf Ibiza. Ein Familienclub zwar, aber kinderlosen Gästen wird die Möglichkeit gegeben, allen kleinen Kevins und Lottas aus dem Wege zu gehen.

Ich schreibe an meinen Büchern, lasse mich von einem der besten Fotografen für verschiedene Firmen ablichten und habe Spaß. Und ich esse.

Das bringen Cluburlaube gerne mit sich. Fantastisches Essen rund um die Uhr.

Frühaufsteher-Frühstück, Frühstück, Brunch, Mittagessen, spätes Mittagessen, Snack, Kaffee und Kuchen, Dinner, Mitternachts-Dinner. Man muss es sich nur holen. Selbst das Abdecken der leeren Teller erfolgt von einer freundlichen Person, die einem das Gefühl vermittelt, dass sie gerade ohnehin nichts lieber täte, als mein Geschirr wegzuräumen. Die ersten achtundvierzig Stunden habe ich immer ein schlechtes Gewissen, dass ich diesen Service so hemmungslos in Anspruch nehme, aber dann freue ich mich darüber. Ist der Gang zum Büfett doch in der Tat schon anstrengend genug.

Was bei dieser Ganztags-Futterei nicht ausbleiben darf, ist der Konter-Sport. Irgendwie möchte ich ja auch wieder auf einem Sitz ohne Überbreite nach Hause kommen. Also mache ich hier auch noch Sport. Während sich mein Lebensgefährte auf Renn- oder Bergrädern über die Insel quält, genieße ich von 9:30 Uhr bis 10:15 Uhr Aerobic, Fatburner oder was auch immer einen hohen Kalorienverbrauch verspricht.

Das Ganze immer unter Anleitung von jungen motivierten Menschen, die mich glauben lassen, in ihrem Frühstück müsse mehr drin gewesen sein als nur Müsli. Dann noch laute Musik und ich habe sogar Spaß dabei. Also nach einer Weile. Denn jedes Mal, wenn ich mit den ersten Schritten beginne, jault mir mein innerer fünfzigjähriger Schweinehund von der Seite der Übungsfläche entgegen und will wieder ins Bett. Aber ich halte durch.

Sogar die anschließende Stunde Pilates oder Yoga nehme ich noch mit, auch wenn ich gedanklich bereits wieder beim Mittagsbuffet anstehe.

Ganz besonders spaßig finde ich es in solchen Situationen – unabhängig von den Sportstunden – im Fitnessoutfit einfach nur am Pool oder an den Bars langzulaufen.

Nachdem mir eine Dame entgegengeranzt hat, dass ich ihr damit ein schlechtes Gewissen mache und den Appetit versaue, habe ich diese böse Seite an mir entdeckt. Immer ein bisschen verschwitzt, aber fröhlich schauend, mit eingezogenem Bauch am Eisstand vorbei und schon meldet sich die ein oder andere Touristin online im heimischen Fitness-Studio an.

Und so nutze ich meine sanft sadistische Ader letztendlich doch zur sportlichen Motivation für andere.

Du hast es leicht

– Vorurteile in allen Bereichen

»Vorurteil heißt ein Urteil, das einer Person, einer Gruppe, einem Sachverhalt oder einer Situation vor einer gründlichen und umfassenden Untersuchung, Abklärung und Abwägung zuteilwird, ohne dass die zum Zeitpunkt der Beurteilung zur Verfügung stehenden Fakten verwendet werden.« (Wikipedia)

In Kurzform gerne auch »Das is so!«

Bei den Haarfarben geht es los. Blonde Frauen sind schön, aber zu blöd, um aus dem Bus zu winken. Rothaarige hingegen sind – wenn schon keine Hexen – dann aber doch wahre Sexmonster. Brünette sind langweilig und Schwarzhaarige permanent temperamentvoll.

Über ein paar dieser nicht aussterbenden Vorurteile kann man herzhaft lachen, über andere nur den Kopf schütteln. Aber alles in allem lässt sich mit Vorurteilen meist problemlos leben. Es kommt eben immer darauf an, wer solchen Senf von sich gibt.

Ein Vorurteil, das vor allem attraktive Frauen gerne zu hören bekommen, lautet: »Hübsche Frauen haben es viel leichter!« Oder: »Wie du aussiehst, steht dir doch jede Tür offen«.

Natürlich ist es mir lieber, ein angenehmes Äußeres quasi vorgeworfen zu bekommen, als dass man mir einen Jutesack über den Kopf stülpt und sich graust. Aber alles, was darüber hinausgeht, ist in der Regel falsch.

Als attraktive Frau öffnen sich einem nämlich häufig die Türen mit der Beschriftung »Neid«, »Missgunst« oder »Schlafzimmer«.

Außerdem geht mit dem Satz »Ja, so wie du aussiehst« eine fiese Diskreditierung einher. Wenn mir jemand sagt, dass ich einen Job, einen Vertrag oder irgendwas sonst erreicht habe, weil meine Optik die Hirnzellen meines Gegenübers temporär außer Betrieb gesetzt hätten, ist das kein Kompliment, sondern eine Beleidigung.

»Schöne Frauen wie du bekommen alle Wünsche erfüllt.« Wenn ich so was höre, wird mir ganz anders. Die meisten Wünsche, die mir aufgrund meiner Optik erfüllt werden sollten, waren erstens nicht meine eigenen und zweitens hätte das Wunschprogramm am liebsten in der Horizontalen stattgefunden. Dafür war ich aber selten müde genug.

Selbst wenn sich Türen mal öffnen, weil die Optik blendet, findet sich hinter jener Tür auch gerne jemand, der weitaus höhere Ansprüche stellt, als er es bei einem weniger attraktiven Menschen getan hätte. Weil das Vorurteil der Attraktivität auch gerne mit dem der wenig ausgeprägten Fähigkeiten – also Dämlichkeit – gepaart ist. Und spätestens eine der Sekretärinnen schmeißt einem dann eine Keule, getreu dem Motto »Sie glaubt wohl, sie ist was Besseres« zwischen die Beine.

Man sieht so manchen Menschen direkt den Vorbehalt an. »Die kann nichts, weil sie glaubt, schön sein reicht.« Das ist Käse! Quatsch! Blödsinn und einfach ungerechter Schwachsinn!

Es wäre unehrlich zu behaupten, dass ich nicht wüsste, wie ich mich in Szene setzen kann. Der männliche Mensch ist ein Augentier (die Frau in der Regel auch). Auf Variationen der Rocklänge, Höhe des Absatzes und weitere Maßnahmen kann man in der Tat kurzzeitig Einfluss nehmen.

Aber bei allem, was darüber hinausgeht, reicht das definitiv nicht. Warum auch?

Und manchmal macht es mich noch lange wütend, wie sich Vorurteile dieser Art auswirken.

Vor ein paar Jahren hatte ich ein geschäftliches Gespräch. Kein Date, kein »hach, lass uns mal einen Kaffee trinken.« Nichts dergleichen. Eine halbe Ewigkeit hatte ich mich in das Thema eingearbeitet und betrat das Lokal so selbstbewusst wie möglich.

Und weil ich rein prophylaktisch jede Ablenkung durch zu viel erkennbare Weiblichkeit ausschließen wollte, trug ich einen Anzug mit Hemd und sogar eine Krawatte. Meine Haare waren zum Zopf gebunden und mein Make-up dezent. Auch trug ich auf meiner Aktentasche keinen »Weil-ich-ein-Mädchen-bin«-Aufkleber, der zu Missverständnissen hätte führen können. Die Begrüßung war freundlich und angemessen, der Herr im besten Alter und gutsitzendem Anzug.

Ja, ich hatte ein gutes Gefühl. Das war ein Geschäftsmann, der genau wusste, was wichtig ist und was nicht. Dem konnte man nichts vormachen, der hatte sicher Ahnung.

Außerdem hatte er einen guten Ruf und ist mir ausdrücklich empfohlen worden. Fast zwei Stunden lang hielt ich einen Monolog, warum ausgerechnet dieses Projekt zu unterstützen sei, was es wirtschaftlich und kulturell bedeutete und wie die Einschätzungen anderer Seiten war. Ich war stolz auf mich, als ich nach einer Weile meine Aktentasche vom Tisch nahm. Ich mochte mit ihm nicht ganz auf Augenhöhe sein, aber ich hatte meine Sache gut gemacht.

Mein Gegenüber nickte souverän. Dann lehnte er sich zufrieden zurück.

Natürlich war ich aufgeregt, hing doch eine ganze Menge von der Zustimmung des Herrn beziehungsweise des Unternehmens, das er vertrat, ab.

Wieder Nicken, wieder einen Moment Schweigen. Nun lächelte er, lehnte sich nach vorne, legte seine Hände auf die meinen und sagte: »Ich sorge für die Finanzierung dieses Projekts und für alles, was du willst, wenn du ab jetzt meine Freundin bist.«

Meine Kinnlade fiel fast auf seinen Ehering.

Ich war so verblüfft, dass ich noch nicht mal meine Hände zurückzog, um ihm den neckischen Blumenschmuck vom Tisch in den Rachen zu rammen.

Hatte ich in meiner Präsentation, ohne es zu merken, den Text aus einem erotischen Liebesroman vorgelesen? Hatte ich mich versehentlich in der Zwischenzeit ausgezogen und an den Säulen an der Bar einen Poledance hingelegt? Ich war fassungslos.

Nochmal: Ich saß keineswegs im Negligé vor dem Kandidaten und fuhr mir auch nicht permanent mit den Händen durch meine nicht vorhandene Wallemähne. Auch kicherte ich nicht blöd, machte keine obszönen Bewegungen oder wälzte mich nicht willig auf der Eckbank.

Mittlerweile hatte ich mich wieder so gut im Griff, dass ich meine Hände zurückziehen konnte. Irgendwas in mir schrie laut nach Desinfektionsmittel.

An welcher Stelle hatten wir uns das »Du« angeboten? Bis vor einer Minute siezten wir uns noch respektvoll.

Ich fragte nach, ob er irgendetwas falsch verstanden habe. Er lächelte und wollte sich erneut meine Hände schnappen. Aber diesmal war ich schneller.

So souverän ich eben noch konnte, wies ich ihn darauf hin, dass es in dem Gespräch nicht um mich und meine Qualitäten als Liebhaberin ging, sondern um ein Filmprojekt.

Wieder ein Nicken, gefolgt von einem Schulterzucken. »Habe ich durchaus verstanden.«

Innerlich würgte, schüttelte und beschimpfte ich den Typen. Aber das brachte mich auch nicht weiter. Dementsprechend riss ich mich zusammen.

Mit den Worten »Du kannst es Dir ja nochmal überlegen« stand er auf, reichte der Kellnerin einen Geldschein und verließ, nicht ohne mir noch einen entschlossenen Blick zuzuwerfen, das Lokal.

Als mich im Auto die Nachricht eines Kollegen erreichte, hatte ich wieder den Würg-Schüttel-Schimpf-Gedanken.

»Und? Gut gelaufen? Hat dir sicher gleich zu Füßen gelegen. Du hast es schon einfach, so wie du aussiehst.«

Manchmal glaube ich, dass das Argument, wonach es attraktive Menschen leichter haben, bloß ein Schutz für die Menschen ist, die sich für weniger attraktiv halten. Nach dem Motto »Wenn ich so aussehen würde, wäre ich auch schon hier oder dort oder in einer besseren Position«. Schönen Menschen wird oft von Kindesbeinen an zwar Bewunderung, aber auch Neid entgegengebracht. Man stelle sich einfach nur vor, die TV-Show »Wer wird Millionär?« würde nicht von Günther Jauch moderiert werden, sondern von Brad Pitt. Genau so souverän, witzig, charmant und wissend, aber halt optisch auch noch volle 10 Punkte. (Entschuldigung, Herr Jauch, ich finde sie fantastisch, aber ist es okay, dass ich Ihnen optisch bloß eine gute siebeneinhalb zugestehe?)

Glaubt tatsächlich jemand, dass dieser Moderator dann noch den gleichen Zuspruch, die gleichen Sympathien hätte wie Jauch? Im Leben nicht! Die einen würden ihn für arrogant halten, die anderen wieder für ein Sexsymbol. Sobald sich etwas aus der absolut ausreichenden Durchschnittlichkeit oder wunderbaren Normalität heraushebt (ob gewollt oder ungewollt), gerät etwas ins Ungleichgewicht. Dann hagelt es Vorurteile, was das Zeug hält. In der Regel vor allem von Menschen, die die betreffende Person überhaupt nicht kennen. Und da liegt auch schon der Kern der Sache. Das Beste gegen Vorurteile ist ein Kennenlernen. Und wenn sich tatsächlich herausstellt, dass der Mensch gegenüber charakterlich – oder auf welcher Ebene auch immer – eher im Untergrund surft, kann man sich ein Urteil bilden. Egal ob schön, durchschnittlich oder hässlich. Denn hässlich gibt es innen wie außen.

Du traust dich was

– Muss das sein?

Manchmal muss man gar nicht engelhaft ausschauen, um Flügel zu kriegen. Dann reichen ein Anruf, vier Wochen hartes Training, ein Prosecco und die Sicherheit, dass man geradeaus laufen kann.

Ich stehe mit meinen Flipflops im Schlamm vor einem fast fünfundzwanzig Jahre altem VW-Bus. Meine Haare hängen in zwei unordentlich geflochtenen Zöpfen vom Kopf, und mein optischer Zustand könnte nicht weiter von einer Schönheitskönigin entfernt sein, als er gerade ist. Augen auf bei der Partnerwahl, geht es mir in diesem Moment durchs Hirn. Aber was soll's? Mein Partner ist Camper. Da muss ich durch. Außerdem gibt es Schlimmeres als schlammige Campingplätze in der Walachei, auch wenn mir im Moment nichts einfallen mag.

Gerade eben habe ich einer großen Tageszeitung ein Interview gegeben. Es ging um mein Leben als Model und Miss 50plus Germany. Das mit dem Schlamm und den Flipflops wollte keiner hören. Als ich das Handy weglegen will, klingelt es schon wieder.

Ich rechne mit einer weiteren Rückfrage, aber es ist Arash. Wir sind gute Bekannte. Er veranstaltet hervorragende Modenschauen und Events. Ich war schon auf mehreren seiner Veranstaltungen und jedes Mal begeistert. Fast schüchtern klingt er, als er mit der Sprache rausrückt. Dieses Mal möchte er mich nicht nur als Gast einladen. Er bittet mich, ein Teil der Show zu sein. Gemeinsam mit meiner Tochter soll ich über den Laufsteg schreiten. Soweit nichts Neues oder Ungewöhnliches. Allerdings – und jetzt holt er nochmal tief Luft – in Dessous. Und weil das noch nicht auffällig genug ist, auch noch in riesigen Engelsflügeln. Kurz geht mir die letzte »Victoria's Secret Show« durch den Kopf. Dort tragen alle Flügel zu Dessous. Allerdings tragen auch alle höchstens Kleidergröße 34. Und weil das noch nicht reicht, sind die meisten höchstens halb so alt wie ich. Selbst wenn ich das Alter meiner Tochter und meins im Durchschnitt nehme, liegen wir weit über der dortigen Altersgrenze.

Ich schaue mich um. Links und rechts von unserem Stellplatz sitzen Leute, die keine Ahnung haben, über was ich hier gerade rede. Was würden sie mir raten, wenn ich sie fragen würde, ob ich an dieser Show teilnehmen sollte?

Die meisten könnten »Victoria's Secret« für eine Backmischung von Dr. Oetker halten. Und bei der Frage, ob ich in Dessous einen Catwalk zieren könnte, bekäme ich vermutlich nur mitleidige Blicke auf meine nackten Füße in den schmutzigen Flipflops.

Aber vielleicht ist es ja genau das, was mich reizt. Dass mir so etwas noch zugetraut wird. Wann bin ich als Model das letzte Mal in Unterwäsche gelaufen? Das war doch Anfang der 90er. Triumph. Mal zweckmäßig, mal verspielt. Aber eben in einem jugendlichen Körper.

Als ich zusage, herrscht am anderen Ende erst mal Sprachlosigkeit. Arash meint, sich verhört zu haben und fragt noch einmal nach.

»Ja. Ich bin dabei. Gemeinsam mit meiner Tochter. Ein einziges Mal.« Ich müsste sie noch fragen, aber ich glaube, das geht auch für sie in Ordnung.

Arash freut sich und bedankt sich mehrfach. Es soll eine Riesenshow werden und mein Auftritt ist eine Überraschung. Dementsprechend wird es der Presse nicht mitgeteilt. Wir legen auf und ich schreibe meiner Tochter kurz von den Neuigkeiten. Sie sei dabei, kommt es umgehend zurück. Dann lege ich mein Handy in den Bus.

Immer noch stehe ich in Flipflops auf dem Campingplatz. Weiter hinten sehe ich meinen Freund mit dem Geschirrspülkorb um die Ecke biegen. Noch weiter entfernt höre ich die Kinder im Schwimmbad lachen.

Das kann ja heiter werden. Ab jetzt ist wieder Disziplin angesagt. Diese Modenschau soll meine letzte sein. Zumindest die letzte, die ich mit so wenig Bekleidung absolviere.

Aus der Camping-Flipflop-T4-Bus-Manu muss wieder ein vorzeigbarer Model-Körper werden. Ich habe noch vier Wochen Zeit dafür.

»Muss das denn sein?« Die Frage einer Bekannten hallt mir im Kopf. »Du traust dich was.«

Allein, um die Stimmung anzutesten, habe ich sie gefragt, was sie von meinen Plänen hält. Sie hat keinen Kontakt in die Region, in der das Ganze stattfindet und sie ist fünfzig, so wie ich. Außerdem interessiert sie sich ansonsten ausschließlich für ihre

Pferde. Alles, was über Reitbekleidung, Trensen und Helme hinausgeht, gehört für sie zu überflüssigem Tinnef.

Ehrlich gesagt, muss es natürlich nicht sein. Aber warum sollte ich es lassen? Bloß, weil sich andere in meinem Alter für zu alt oder zu distinguiert halten? Wenn ich es machen will, mache ich es. Und nicht, weil es sein muss.

Es macht mich nicht unseriös, wenn ich zu meinem Körper stehe. Und zu der Entscheidung, diesen Teil der Show um meinen Einsatz zu bereichern.

Die Jogging-Frequenz wird etwas hochgeschraubt und die tägliche Gymnastik intensiviert. Vielmehr wird sie überhaupt eingeführt.

Meine kritischen Blicke in den Spiegel enden mit einem Schulterzucken. Was soll schon schief gehen. Die Leute wissen, dass ich in unserem Mutter-und-Kind-Gespann nicht das Kind bin. Keiner wird mir die Flügel vom Leib rupfen und mich ins Seniorenheim schicken. Es wird schon.

Am Showabend sitze ich anfangs noch in der ersten Reihe. Links von mir Tochterkinds Freund, rechts von mir mein Rudi. Rechts von ihm meine Mutter. In zwei, drei Läufen kann ich mein Kind unter den anderen Models bewundern. Ich bin stolz wie nur sonst was. Sie trägt die schönsten Dirndl und Abendkleider. Dann schleiche ich mich aus dem Saal und hinter die Bühne. Jetzt muss auch ich mich umziehen.

Es fühlt sich ein bisschen komisch an, unter all den jungen Mädchen und Frauen in Dessous zu stehen. Wir richten gegenseitig unsere Träger und passen auf, dass nichts zu sehen ist, wo nichts zu sehen sein soll.

Jetzt helfen wir uns in die Flügel. Die gehören heute schließlich zur Show. Tochterkind hatte bereits ihren ersten Auftritt in Wäsche und zieht sich in Windeseile um. Vorne tobt ein Sänger über die Bühne. Er singt toll, und ich würde es gerne näher erleben, aber ich komme hier hinten noch nicht weg.

Als wir endlich soweit sind, verbeugt sich der Sänger. Die Musik ist aus und die Moderatorin will den nächsten Block ansagen. Herrenmode. Aber nichts da! Ich signalisiere, dass ein wesentlicher Teil der Show noch fehlt. Hatte sie doch selbst gerade noch als Highlight Mutter und Tochter angesagt und ist nun völlig irritiert, dass wir noch gar nicht draußen waren.

Sie korrigiert ihren Fehler vor dem Publikum und verbaselt vor Schreck gleich mal unsere Namen, aber das ist egal. Sie ist sympathisch und rettet die Situation auf charmante Art und Weise. Die Musik läuft und ich gehe lachend auf die Bühne. Bauch einziehen und anspannen, was anzuspannen geht. Man muss meinen Schenkeln ja nicht jedes Lebensjahr und meinem Bauch nicht jede Schwangerschaft ansehen.

Ohne mich hin und her zu wiegen wie ein Schulschiff und dennoch mit ausreichend Hüftschwung, gehe ich einmal bis ganz nach vorne. Pose. Lachen. Und zurück. Hinten steht schon Tochterkind.

Ist das ein Anblick, den eine Mutter gerne sieht? Die eigene Tochter in Unterwäsche und Strümpfen vor ein paar Hundert Leuten auf der Bühne? Ich weiß es nicht. Andersherum stellt sich die Frage natürlich auch. Ist die eigene Mutter in Dessous mit großen Flügeln auf dem Laufsteg das, was man sich als Achtzehnjährige ins Tagebuch schreibt?

Und nicht zuletzt sitzt ja auch meine eigene Mutter im Publikum. Gleich in der ersten Reihe. Tochter und Enkelin als Wäsche-Engel? Wir müssen beide grinsen. Warum nicht?

Die Sachen, die wir tragen, sehen toll aus. Sie verbergen ausreichend, sehen nicht bizarr oder obszön aus und wirken, trotz der wenigen Textilmasse, edel und angezogen. Ich fühle mich mutig und selbstbewusst.

Frauen über fünfzig tragen auch Unterwäsche. Basta! Warum sollte man das nicht zeigen dürfen? Auf der Bühne drehe ich mich um, nehme meine Tochter an die Hand und wir gehen als erstes Mutter-Tochter-Dessous-Team über einen Laufsteg. Unsere Flügel kommen sich nicht ins Gehege und wir schreiten im Gleichschritt weit nach vorne. Noémis Freund ist ganz aufgeregt, und auch meinen Lebensgefährten hält es, so wie viele andere, nicht mehr auf den Sitzen. Der Applaus ist riesig.

Auf dem Weg zurück drücke ich Tochterkinds Hand. Vor uns sehen wir nun, so wie die Zuschauer auch, die riesige Leinwand. Die Kamera fängt uns jetzt von hinten ein. Dementsprechend erblicken wir unsere Rückansicht in drei Meter Größe. Es ist okay. Einmal in Schwarz und einmal in Weiß. Vielleicht keine Größe 34, aber selbstbewusste und schöne Kurven.

Als ich später die Fotos von der Show sehe, muss ich immer noch lächeln.

»Wenn du Wäsche läufst, lass es krachen. Bloß nicht scheu und verschämt«, hatte ich meiner Tochter im Vorfeld gesagt. Und genau so sieht es aus. Fröhlich und modern.

Die Frage, ob es denn »sein musste«, stellt sich nicht. Es musste natürlich nicht sein. Aber warum hätte ich es sein lassen sollen? Weil Damenunterwäsche nicht gezeigt werden darf? Weil mir Flügel nicht stehen? Weil ich keine knackige Zwanzig mehr bin?

Ich hatte Spaß und die Show kam gut an. Und ich bin knackige Ü50. Das passt!

Okay, ich liebe sie

– Klischee oder Macke?

Ab wann ist ein Klischee ein Klischee, ein Treppenwitz oder knallharter Fakt? Und ab wann ist eine Obsession ein Fetisch? Und überhaupt, darf nicht jeder eine Macke haben?

In der Regel habe ich es nicht so mit Klischees. Pauschales: Frauen sind so oder so, alle Frauen mögen dieses oder jenes, halte ich für Blödsinn. Mag doch jeder und jede etwas anderes. Egal ob sein, können oder haben. Aber wenn es doch ein Klischee gibt, das voll und ganz auf mich zutrifft, dann dieses: Ich liebe Schuhe! Es reifte mit jedem Jahr und hat sich Mitte der Vierzig vollständig in meiner Seele etabliert. Wahrscheinlich auch deshalb, weil ich mir seitdem Schuhe leiste, denen man bei Absatzverlust auch schon mal eine Träne nachweinen kann.

Und ja, wenn es um die Pflege meiner Schuhe geht, kann ich auch schon mal zickig werden. Die Prioritäten haben sich verschoben.

Okay, ich mag nicht, wenn man mein Haus abbrennt, meinen Wagen klaut oder in meiner Abwesenheit den Stecker meines Gefrierschranks zieht.

Aber im Großen und Ganzen komme ich mit all den Sachen schon irgendwie zurecht. Wo man allerdings Probleme mit mir kriegen kann, ist, wenn man irgendwelchen Blödsinn mit meinen Schuhen macht.

Ich bin zwar die Frau, die fast eine intime Freundschaft mit ihrem Werkzeugkasten hat und zur Not auch den Rasenmäher mit einer Nagelfeile reparieren kann, aber wenn man mir die Absätze abschrabbelt oder fahrlässig auf meine Pumps latscht, kann ich richtig unangenehm werden.

Und dabei trage ich gar nicht mal mein gesamtes Schuhwerk. So manchen Stiletto und die ein oder andere Sandale betrachte ich sogar eher als eine Art Kunstwerk. Ja, auch ein Fetisch, aber ich mag es eben.

Neben meinem Bett steht ein Regal mit den Lieblingsschuhen, und an manchen Abenden sitze ich einfach zwischen den Kissen und bewundere Material und Verarbeitung. Mein Lebensgefährte meinte einmal, das hätte was von einer Führung durchs Museum. Nur dass die Künstler dann nicht van Gogh oder Picasso heißen, sondern die Werke mit Louboutin oder Jimmy Choo beschriftet sind.

Normalerweise bringe ich meine Schuhe auch nur zum Schuster meines Vertrauens. Der weiß, dass ich weiß, wo er wohnt und keine Hemmungen habe, ihm Zucker in den Tank zu streuen.

Welcher Teufel mich geritten hat, genau ihm untreu zu werden? Keine Ahnung! Ob es ein Fehler war? Keine Frage!

Also: Ich nehme zwei meiner Lieblingsschuhe. Jimmy Choo. Nieten. Wickelband um die Fesseln und eine ausgefallene Metallschließe. Blöd nur, dass mindestens zwei Ösen fehlen, um sie so um die Füße zu kriegen, dass man sicher laufen kann. Und das auch noch auf dreizehn Zentimeter pfeilspitzen Absätzen.

Ösen? Das kann doch kein Problem sein. Also greif ich mir die Sandalen, verpacke sie sanft in den zu ihnen gehörenden Stoffbeutel und trage sie behutsam in die Reinigung, die auch über einen Schuster verfügt. Ich erkläre mein Problem und ziehe dabei das schwarze Leder aus dem Beutel, als handele es sich um drei Kilo Alba-Trüffel.

Und ja! Ich hätte stutzig werden müssen, als die Dame hinter dem Tresen meine nahezu verängstigten Schuhchen mit grobem Griff packt, nickt und sie zu ein paar schnöden Stiefeletten stellt. Ich verweise auf den Beutel und dass ich die Schuhe eigentlich gerne wieder mitgenommen hätte. Also gleich nach dem Anbringen der nötigen Ösen.

Als Antwort bekomme ich, dass der Schuster nur donnerstags da sei und ich die Schuhe entsprechend am Donnerstagnachmittag wieder abholen könnte. Es ist Dienstag.

War es meine Scheu? Wollte ich nicht als die blöde Ziege dastehen, die für ein Paar Schuhe ein Mordstheater macht? Hätte ich ihr sagen sollen, dass die Schuhe mehr gekostet haben als mein erstes Auto? Also in D-Mark.

Ich atme tief ein, betone nochmal exakt meinen Wunsch und verlasse dann den überheizten Raum.

Ich fühlte mich, als hätte ich meine Kinder bei den Hells Angels zur Mittagsbetreuung abgegeben.

Nach zwei Tagen Warten mache ich mich auf den Weg. Im Laden sehe ich schon meine Schuhe. Hach, wie schön ist Wiedersehensfreude. Zumindest so lange, bis ich die Schuhe in der Hand habe. Ich begutachte das bearbeitete Lederband und hyperventiliere fast.

»Was???« Einatmen – ausatmen! »Was haben sie denn gemacht???«

»Zwei Ösen. Wollten Sie doch, oder?«

Einatmen – ausatmen – einatmen! Keine Gewalt anwenden. Zumindest nicht gleich.

»Die Ösen hier sind schwarz!«

»Ja, sehe ich.«

»Die neuen Ösen sind silbern. Zudem sind sie mit gespreizten Rand. Das heißt, dass sämtliche Seidenstrümpfe, die ich jemals da drunter tragen könnte, unmittelbar eine Sollbruchstelle im Fesselbereich bekommen.«

»Tragen Sie die Schuhe doch ohne Strümpfe. Sind doch Sandalen.«

»Außerdem sind die Ösen auch noch deutlich kleiner als die Originallöcher. Sie lassen sich kaum schließen.«

Die Dame nimmt mir einen Schuh aus der Hand und drückt mit Gewalt die Schnalle zu.

Ich denke darüber nach, ob es noch als Affekthandlung gilt, wenn ich ihr jetzt Dreizehn-Zentimeter-Stilettos ins Ohr ramme.

Hängt vermutlich von der Schuh-Affinität des Richters ab. Ich verzichte auf das Risiko, an einen Sneaker-Juristen zu geraten und den Rest meines Lebens in Birkenstock-Schlappen im Knast zu verbringen.

Zähneknirschend packe ich meine Schuhe in den Stoffsack, zahle und verlasse die Reinigung, die die Schuhe ihrer Kunden nur donnerstags schänden lässt.

Nie mehr werde ich dorthin gehen. Sollte ich Reinigungsdienste oder Schusterarbeiten benötigen, schmeiße ich mein Zeug eher weg. Künftig werde ich wieder alles in die Innenstadt bringen, wie zuvor. Und nun stelle ich das bitter verstörte Schuhwerk in mein Deko-Regal. Als ewige Erinnerung, dass Vertrauen sich nicht nur auf Gynäkologen, Zahnärzte und Nachhilfelehrer beschränken sollte. Das wird mir eine Lehre sein.

Bestzeiten

– Fix wie in alten Tagen

Es gibt viele Varianten, die grauen Zellen auf Trab zu halten. Sudoku, Sitztanz, Ginseng und virtuelles Gehirnjogging mit Reaktionstests. Aber auch im Alltag finden sich Möglichkeiten, dem Alter zu zeigen, dass man es noch draufhat.

Wenn man es denn noch draufhat.

Mit zunehmenden Jahren lässt auch das Erinnerungsvermögen nach. Außerdem wird man reaktionsschwächer und unaufhaltsam langsamer. So lese ich es gerade im Internet und überlege, ob ich frustriert sein oder die Zeilen einfach ignorieren soll.

Ignorieren geht nicht, und alt genug, um es gleich wieder zu vergessen, bin ich auch nicht.

Also will ich diesen Dingen entgegentreten. Und wie geht das am geschicktesten? Natürlich in harmlosen Alltagssituationen, in denen ich mich Aufgaben stellen kann.

Dementsprechend gehe ich heute so was von organisiert zum wöchentlichen Einkauf. Ich bin bestens logistisch aufgestellt und überhaupt gänzlich auf Zack. Von wegen altersbedingte Reaktionsschwäche. Nicht bei mir.

In Windeseile schreibe ich einen Einkaufszettel, so dass ich nicht eine Minute zu lange zwischen Gemüse und Tiefkühlware cruisen muss.

Der Euro für den Einkaufswagen liegt gut platziert in der Mittelkonsole meines Autos. Den Karton, um nachher alles ins Haus zu tragen, stelle ich in den Einkaufswagen. Und los geht's.

Ich laufe die Gänge ab, als hätte ich vorher ausgiebig über die kürzeste Strecke gegrübelt.

Ich rausche durch Obst und Gemüse, hinüber zu den Marmeladen, husche noch zügig bei Spaghetti, Wein, Milch, Zucker und Mehl vorbei. Dort ein schneller Griff zu den Küchentüchern, hier noch fix die Kekse für Kind 1.0 eingepackt. Ja, es läuft auf eine Bestzeit hinaus.

An der Kasse habe ich nur noch Mitleid für die, die nochmal umkehren müssen oder falsch sortieren.

Und das, obwohl sie vermutlich halb so alt sind wie ich.

Heute bin ich die Heldin am Einkaufswagen! Miss Edeka 2021! Liebling der genervten Kassiererinnen! Ich hab es halt drauf!

Sobald die Dame hinter der Kasse meine Ware über den Scanner geschoben hat, sind Spaghetti, Eier, Milch, Mehl schon im Karton verstaut, so dass ich ihn nachher nur fertig gepackt aus dem Wagen ins Auto heben muss.

Bin ja nicht blöd und packe draußen erst alles ein. Es regnet ja. Innerlich klopfe ich mir auf die Schulter. Einkaufswagen-Tetris-Deluxe. Vorsortieren auf dem Kassenband ist halt die halbe Miete.

Es fehlt nur noch die Fanfare, als ich den Laden verlasse. Was für eine kolossale Spitzenleistung. Der Artikel von vorhin kann sich aus meinen Gehirnwindungen verkrümeln.

Mit einem Druck auf den Autoschlüssel möchte ich den Kofferraumdeckel hochschweben lassen, aber irgendwie klappt das nicht. Ich suche in Manteltaschen und Jeans nach dem Schlüssel. Ich suche und wühle.

Und dann fällt es mir wieder ein. Den hatte ich beim Betreten des Ladens in den Karton geschmissen. Und dort liegt er jetzt. Eingebaut zwischen Milch, Mehl, Zucker, Wein und Küchentüchern. Ganz langsam sortiere ich die Ware wieder aus dem Karton in den Korb. Doch keine Medaille fürs schnellste Einkaufen. Und sicher doch, meine Reaktionsgeschwindigkeit und mein Erinnerungsvermögen traben mir entschleunigt hinterher. Schön, dass es aufgehört hat zu nieseln. Als wollte es mich ärgern, schüttet es jetzt nämlich richtig.

Von Liebe, Freunden, Dingen, die sich nie ändern werden, und Idioten

Liebe I.

– Schmetterlinge im Bauch altern nicht

Für manche Dinge ist man nie zu alt. Und das eigenartige Verhalten von frisch Verliebten unterscheidet sich im Alter nur dadurch, dass sich Sechzigjährige keine Herzchen mehr auf das Handgelenk malen. Also in der Regel nicht.

Eine gute Freundin von mir hat sich verliebt. So weit, so gut. Oder auch katastrophal. Mit frisch Verliebten ist es nämlich so wie mit Betrunkenen, wenn man selbst noch stocknüchtern ist. Es gibt eindeutig Verständigungsprobleme. Bis vor wenigen Tagen war sie noch die kompetente, patente Pragmatikerin, auf die man jederzeit zählen konnte. Anfang sechzig, beruflich etabliert, verwitwet.

Jetzt ist sie in eine kichernde Dreizehnjährige mutiert, die kleine Wölkchen unter den Füßen zu haben scheint. Wieso müssen Verliebte immer rumlaufen, als würden sie das komplette Flutlicht auf einem Fußballfeld ersetzen oder eine Kleinstadt illuminieren?

Es ist nicht so, dass ich die Liebe an sich, egal ob in kleinen oder großen Dosen, verschmähe. Wer liebt, lebt gesünder, glücklicher und friedlicher.

Aber der Kontakt mit frisch Verliebten ist dennoch eine Herausforderung. Egal, ob sie dreizehn, Mitte zwanzig oder Ende fünfzig sind. Wenn meine Freundin mir bei der Erwähnung seines Namens jedes Mal einen Euro bezahlen müsste, könnte ich schon mal einen Urlaub buchen. Hawaii oder Bahamas. Hübsch Business Class im Liegen hin und zurück.

Beim Treffen berichtet sie von den Schmetterlingen im Bauch, die sie in den Griff bekommen müsse.

Ich gebe ihr recht und schlage spaßeshalber zwei Sprühflaschen Paral vor. Sie kann darüber gar nicht lachen. Na ja, einen Versuch war es wert.

Wir sitzen zusammen und scherzen darüber, ob der Prinz in unserem Alter noch auf einem Schimmel daher geritten kommen muss.

Von wegen Bandscheiben und so. Und entscheiden uns, dass in diesen Fällen eher auf einen Wagen mit guter Federung zurückgegriffen werden sollte. Dreißig Jahre später würde wohl ein Tandem-Rollator angemessen sein.

Alles in allem denke ich aber, dass es doch schön ist, dass sie verliebt ist. Egal ob zwanzig, vierzig oder eben sechzig. Ständig halten wir uns mit den negativen Dingen im Leben auf. Was darf man? Was ist angemessen? Ist Liebe nicht zu jeder Zeit überaus angemessen? Warum also nicht mal Augen zu und fliegen? Wenn man wieder landet, muss es ja nicht gleich ein psychischer Totalschaden werden.

Unkontrolliert kichernd mit glasigem Blick in der Ecke zu sitzen, ist allemal besser als nörgelnd mit mieser Laune vorm Prosecco. Insofern stünden so manchem von uns ein Rudel Schmetterlinge im Bauch ganz gut. Und zur Not – Paral!

Liebe II.

– Warum das Gleiche nicht dasselbe ist

Es gibt Meinungen, die lassen einen verblüfft vor ihrem Inhalt stehen. Wenn zwei das Gleiche tun, ist es nämlich noch lange nicht dasselbe. Vor allem, wenn es sich um Männer und Frauen handelt.

Vor einiger Zeit kickte sich der französische Schriftsteller und Dokumentarfilmer Yann Moix mit einer Aussage derart in das Aus der ernstzunehmenden Personen, dass es krachte.

Er ließ sich in der Frauenzeitschrift (!) »Marie Claire« mit folgenden Worten zitieren:

»Mit 50 Jahren bin ich nicht in der Lage, eine Frau mit 50 zu lieben. Der Körper einer 25-Jährigen ist außergewöhnlich. Der einer 50-Jährigen ist überhaupt nicht außergewöhnlich.«

Für diesen Kommentar erhielt der Herr eine große Dosis Empörung. Ich gehöre weniger zum empörten Lager. Ich gehöre zu denen, die sich über dieses Outing eher schlapplachen müssen. Zumal, wenn man das Foto dessen vor sich hat, der es gesagt hat.

Da sieht sich ein Mann mit fünfzig also nicht in der Lage, Frauen über fünfzig zu lieben.

Na sowas? Liegt das nun an den Frauen oder an dem Kerl, der sich hier außer Stande zu etwas sieht, zu dem er offenbar einfach zu unmännlich ist?

Ach ja, und nun sind Frauenkörper mit fünfundzwanzig also außergewöhnlich – und mit fünfzig sind sie dann was? Gewöhnlich? Langweilig? Und wie ist da der Übergang?

Müssen die Ladies mit Mitte zwanzig nun davon ausgehen, niemals mit diesem Menschen schlafen zu können? Womöglich gleich, nachdem sie die fünfundzwanzigste Kerze ausgeblasen haben. Oder lässt Herr Moix noch ein paar Gnadenmonate zu und mit viel Glück darf man dann bei Schummerlicht noch bis knapp vor dreißig unter seine Decke krabbeln?

Mein lieber Herr Moix, Ihnen mangelt es offenbar an entsprechender Erfahrung, oder?

Aus Ihrem Mund klingt das ein bisschen wie:

»Also, ich fahre lieber mit meinem Fiat Multipla als mit dem Ferrari, weil ich bei dem weiß, wo der Rückwärtsgang ist.«

Nicht, dass ich hier unterschiedlich alte Frauenkörper mit Automarken vergleiche. Es geht einzig um Ihr Verhältnis zu dem, was Sie nicht kennen und nicht können, werter Kollege.

Aber genug der Worte über einen Mann, der das gar nicht verdient hat.

Und generell mal die Stirn grüblerisch in Falten gezogen.

Ist es nicht eigenartig, dass ein und dieselbe Sache derart unterschiedliche Wertungen hat?

Wenn ein Mann mit dreiundsechzig eine Freundin hat, die gerade achtundzwanzig ist, gilt er in der Regel als Grandseigneur oder als toll, potent und zumindest sehr reich. Ja, was für eine göttliche Konstellation? Ein echter Mann, der seinem Hasi die Welt zeigen kann.

Der seine Lebenserfahrung weiterreicht und überhaupt einfach nur zu beneiden ist. Er wird akzeptiert und zu weiten Teilen gerne auch bewundert.

Andersherum sieht das so aus: Im besten Fall wird über Mutterkomplexe des männlichen Parts und Cougar-Daseins-Berechtigungen bei der Frau gefachsimpelt. Im ersten Fall, also Mann alt, Frau jung, ist es in Ordnung oder erstrebenswert (für wen eigentlich?).

Andersherum ist es schon fast pervers. Als Flavio Briatore Heidi Klum datete, schwängerte und verließ, gaben die beiden pressetechnisch lediglich Einblicke in die Glamourwelt. Jetzt, wo Heidi Klum Tom Kaulitz geehelicht hat, werden sie als lächerlich und albern beschrieben. Dabei lag der Altersunterschied im ersten Fall bei guten dreiundzwanzig Jahren und zwischen Tom und Heidi lediglich bei sechzehn.

Die Liebe, oder das, was hier als Liebe bezeichnet wird, unterliegt offensichtlich absolut unterschiedlichen Maßstäben.

Irgendwo habe ich mal zwei Bilder gesehen, die sich völlig glichen. Nur die Bildunterschrift war ein wenig unterschiedlich. Auf den Fotos war jeweils ein kleiner unattraktiver Mann in einer sehr knappen Badehose, teurer Uhr und dickem Goldschmuck zu sehen. Im Arm hatte er eine junge Frau im knappen Bikini, die gut als Supermodel durchging. Unter dem linken Bild stand: »Warum du als Mann studieren und beruflich erfolgreich werden solltest.«

Unter dem anderen Bild stand:

»Warum du als Frau studieren und beruflich erfolgreich werden solltest.«

Besser kann man es nicht ausdrücken.

Von Freunden und Menschen, die keine mehr werden

– BFF (best friends forever) gibt's nur im Kindergarten?

Das Schöne am Alter ist auch, dass man weiß, was einem gut tut und was nicht. Das bezieht sich nicht nur auf die Folgen von durchzechten Nächten, sondern auch auf die Menschen, mit denen man sich umgibt. Nicht jedes lächelnde Gesicht ist einem freundschaftlich zugetan, und bei dem ein oder anderem Menschen muss man davon ausgehen, dass er nur hinter einem steht, um das Messer richtig zu platzieren.

Ich habe eine Handvoll Freundinnen und Freunde. Das reicht. Freundschaftliche Verbindungen und lose Kontakte hingegen deutlich mehr.

Meine Freundinnen – also die echten – wissen nahezu alles über mich. Und auch, wenn ihnen nicht immer alles gefällt, sind sie zuverlässig, schweigen wie ein Grab und sind für mich da, wenn ich sie brauche. Selbst, wenn wir seit Wochen mal nichts voneinander gehört haben. Das Gleiche gilt natürlich auch andersherum.

Mit dem, was wir voneinander wissen, könnten wir Bild-Zeitungs-Enzyklopädien füllen und uns gegenseitig Kopf und Kragen kosten.

Aber genau das wollen wir nicht. Dafür sind wir ja Freundinnen.

Eine meiner engsten Freundinnen heißt Annette. Wir lernten uns vor vielen Jahren kennen, als wir gleichzeitig mit demselben Mann angebandelt hatten. Ohne Zweifel, ich habe sie gehasst. Ja, gut, ich habe sie nicht wirklich gekannt, aber gehasst habe ich sie trotzdem.

Auf der anderen Seite war ich ihr wohl ziemlich egal. Wofür ich sie noch viel doller hassen musste.

Mir ins Gehege kommen und dann noch nicht mal auf meine negativen Schwingungen und die Eifersucht einzugehen, war höchst verwerflich. Jedenfalls für mich.

Das ging so lange, bis eine gemeinsame gute Bekannte uns zum Essen einlud und wir der jeweils anderen nicht aus dem Weg gehen konnten.

Als das damalige Objekt der Begierde von unserem Zusammentreffen erfuhr, soll er den Abend als »Champions- League-Event« bezeichnet haben.

Mittlerweile haben weder Annette noch ich mehr Kontakt zu dem Kerl, aber unsere Freundschaft hat sich zu einem stabilen Band entwickelt. Selbst, als sie ein paar Jahre beruflich in Shanghai verbrachte und wir uns deswegen nicht sehen konnten, änderte es nichts an unserer Verbindung.

Menschen, die von ihren Freunden sprechen, als könnten sie mit deren Anzahl Fernreisebusse füllen, sind mir generell suspekt.

Klar muss man unterscheiden, ob man jemand nur als Freund bezeichnet (hey, das hier ist Manu, eine gute Freundin von mir, wir kennen uns seit letzter Woche.) Oder ob man jemanden für eine echte

Freundin hält (Manu, ich sitze betrunken unter einer Palme an einem Ort, den ich nicht kenne, hab kein Geld, einen jungen Surfer neben mir und weiß nicht, wo ich hin soll.)

Während ich bei der ersten Version in der Regel jovial lächle und Hände schüttle, sitze ich in der zweiten bereits nach dreißig Sekunden am Computer und versuche, das verlorene Schaf irgendwie zu lokalisieren.

Ich bin nun mal kein Mensch, dem es reicht, eine Vorliebe für Cappuccino und das gleiche Duschgel zu teilen, um sich gleich als Best Buddies zu bezeichnen.

In jungen Jahren sah ich die Grenze hier eher fließend. Man hatte Spaß miteinander, also war man befreundet. Man sagte kurzfristig den Besuch einer Party ab, schon war man sich wurscht.

Freunde oder gar beste Freunde können mir sagen, was sie wollen und auch, wie sie es wollen. Das Gute ist nämlich, dass sie genau wissen, wie sie mir Dinge so sagen, dass sie mich erreichen. Sie verletzen nicht mit Vorsatz, selbst wenn sie mir auf die Füße springen, weil ich mal wieder irgendwo verkehrt abbiegen will.

Frauen, die von ihren hundert superguten Freundinnen sprechen und mich gerne dazu zählen wollen, machen mich nervös.

Ich kenne eine, die ja so unfassbar toll und immer gut drauf sein soll, dass sich die Freundinnen nur so um sie scharen. So sagt sie es zumindest über sich selbst. Immer wieder. Überall und ungefragt.

Bei mir und meiner Familie heißt sie bloß das »hyperaktive Happy-go-lucky-Girl«.

Da gibt es also die Helene, mit der macht sie immer Radtouren. Die Natascha, mit der geht sie ständig in die Berge. Die Franziska, ja, die ist immer für einen Cappuccino gut und die Fabienne für die Sauna am Donnerstag. Und natürlich alle, alle Kolleginnen und Kollegen aus ihrem Betrieb. Einfach toll. Alles gute Freunde.

So kann sie ewig lange aufzählen, wie toll und kommunikativ sie ist und wie unfassbar beliebt. Sie hat so viele Freundinnen, dass sie bei den gängigen Namen wie Sabine und Andrea sicher schon Nummern dahinter macht.

Also Andrea 1, 2, 3 und so weiter.

Ehrlich gesagt, habe ich sie zwar schon mit einem ganzen Haufen Geschlechtsgenossinnen gesehen, aber nicht ein einziges Mal ging das Gespräch über Oberflächlichkeiten hinaus.

Auch sind mir einige Leute, mit denen sie zusammenarbeitet, bekannt. Diese »guten Freunde« von Happy-go-lucky-Girl wählen sogar abgelegene Treppenhäuser, um ihr nicht über den Weg zu laufen und in Grund und Boden gesabbelt zu werden.

Im Prinzip hat sie die unterschiedlichen Bereiche ihres Lebens mit Personen besetzt, die das Ganze mehr oder minder freiwillig mitmachen und dabei auch noch für ein bisschen Unterhaltung sorgen.

Und sollte hier die Bereitschaft schwinden, werden diese »Freunde« eben ausgetauscht. Ihre superguten Freunde vom letzten Jahr werden zum Teil heute nicht mal mehr erkannt, geschweige denn gegrüßt. So hoch ist da die Fluktuation. Wirkliche Nähe kann da nicht entstanden sein.

Glücklich kann diese Frau nicht sein. Echte Freunde sind nämlich nicht austauschbar wie ein Billy-Regal von Ikea.

Freundschaft hat viel mehr mit »In guten wie in schlechten Zeiten« zu tun als so manche Ehe.

Da wird problemlos mal die helle Seidenbluse mit Mascara voll geheult, weil der Alltag der Freundin gerade unerträglich ist.

Die Pubertät der Kinder, Ehefrust, stalkende Liebhaber und berufliche Höhe- und Tiefpunkte werden gemeinsam ausgestanden.

Selbst wenn ich einer meiner Freundinnen mal, aus welchem Grund auch immer, den Kopf abreißen könnte, würde ich das niemals vor anderen tun. Da wird verteidigt wie eine Löwin. Basta!

Wenn es ein Problem gibt, diskutieren wir das nämlich unter vier Augen aus.

Happy-go-lucky-Girl ist jetzt auch schon fünfzig. Ich wünsche ihr, dass sie irgendwann begreift, dass es bei Freundschaften Unterschiede gibt und Wertschätzung anders aussieht als hundertfünfzig Weihnachtskarten an Leute, von denen sie nichts weiß, und die sie eigentlich auch nicht interessieren.

Je älter ich wurde, umso kleiner wurde die Zahl meiner echten Freundinnen. Jetzt bin ich bei genau der Zahl angekommen, für die ich dasselbe sein kann, wie sie für mich. Das halte ich für eine tolle Sache.

Ach ja, Cappuccino trinken wir hin und wieder auch zusammen. Aber das ist garantiert nicht die Basis unserer Freundschaft.

Von Draht- und anderen Eseln

– Ich könnte deine Mutter sein

Ist MILF wirklich die korrekte Anrede für eine erwachsene Frau oder gar ein Kompliment? Und wenn ja, wie soll ich darauf reagieren? Mit schüchternem Lächeln oder mit einer Keule ins Genick?

Ich fahre Rad. Nicht nur, weil es Kalorien verbrennt. Sondern auch mal, um von A nach B zu kommen. In den vergangenen fünf Jahren bin ich sogar recht häufig Rad gefahren, da das nebenbei die einzige Möglichkeit war, meinen Lebensgefährten bei seinem Training zu unterstützen. Er ist Triathlet – eine für mich nicht nachzuvollziehende Leidenschaft. Wenn er zwanzig oder dreißig Kilometer durch die Landschaft joggt, bin ich als Begleitfahrerin an seiner Seite, genieße die Gegend und wundere mich, wie man so etwas freiwillig machen kann.

Heute will ich aber nur schnell die zehn Kilometer zu einer Freundin radeln. Also keine große Tour, die Radlerwäsche bedarf. Stattdessen bloß eine kurze Jeans und ein T-Shirt.

Schließlich hat es draußen etwas über dreißig Grad.

Ich radele los und bin guter Dinge. Bis sich mir wieder etwas bestätigt, was ich schon ein paarmal erlebt habe. Ein Anzugträger in einer dunkelgrauen

S-Klasse fährt langsam ein bisschen neben mir her, hupt und winkt mir fröhlich zu, bevor er mir eine Kusshand zuwirft und einäugig blinzelt. Okay, vielleicht ist ihm durch das geöffnete Fenster auch bloß eine Fliege ins Auge geflogen und er hat gar nicht geblinzelt.

Aber die Kusshand ließ wenig Interpretationsspielraum.

Als ich nicht reagiere, hupt er erneut und fährt mit Vollgas davon.

Ja, ja, denke ich mir. Wenn zu niedrig eingestellte Klimaanlagen auf heiße Außentemperaturen treffen, verursacht das bei dem ein oder anderen einen kolossalen Hormon-Überschuss. Nicht weiter wild.

Ich radele weiter.

Nur zwei Kreuzungen später muss ich stehenbleiben. Rot gilt auch für Radlerinnen über fünfzig.

Neben mir signalisiert ein Lkw-Fahrer, wie toll er die rasante Bedienung seines Schaltgetriebes beherrscht. Offenbar hat er den raschen Wechsel vom ersten in den zweiten Gang und zurück derart gut geübt, dass er es mir nun zeigen muss. Anders lässt sich diese Handbewegung kaum erklären.

Egal. Ich fahre weiter. Sind ja nur noch vier Kilometer.

Auf einer langen Geraden rollen zwei Jungs auf einer Vespa neben mir her. Sie tragen lustige Helme und sehen aus, als ob sie gerade die Mittlere Reife hinter sich haben. Als sie auch noch beginnen, lustige Dinge zu sagen, weise ich sie darauf hin, dass ich alterstechnisch sicher ihre Mutter sein könnte. Dementsprechend verabschieden sie sich auch mit dem eigenartigen Kompliment »Traum-Milf« von mir und sausen davon.

Ich schaue an mir herunter. Kann es sein, dass ich nicht in T-Shirt und Shorts, sondern in Spitzenunterwäsche durch die Botanik radle? Ist mir zufällig eine Heidi-Klum-Maske über den Kopf gerutscht? Mache ich bei hohen Temperaturen irgendwelche obszönen, kreisenden Bewegungen mit der Zunge, um mich abzukühlen?

Nee? Alles nicht!

Okay, es muss wohl an der Temperatur liegen. Denn so aufregend ist mein klappriges altes Fahrrad nun auch wieder nicht.

Sex im »Alter«

– Das Ende der Akrobatik

Je mehr man über sich, seinen Körper und seine Wünsche weiß, umso weniger juckt es einen, ob man dem Durchschnitts-Sexy entspricht. Denn die Sache mit dem Durchschnitt hat man mit Überschreiten der Lebensmitte in der Regel hinter sich gelassen. Und als Frau ist man sich im Klaren, dass zwei Doppel-AA-Batterien oft ausreichen, um so manchem überflüssigen Dialog aus dem Weg zu gehen.

Was für eine Erleichterung. Endlich ist es vorbei. Nein, natürlich nicht der vollständige körperliche Bereich der Zwischenmenschlichkeit, sondern das ganze enervierende Drumherum.

Akrobatische Darbietungen, die man noch Wochen später in Form von Zerrungen oder Prellungen spürt, werden uninteressant. Genauso verzichtbar werden die Akrobaten, die in ihrer Ambition unnötigen Wert auf Komplimente ob ihrer Bemühungen legen.

Wer meint, man könnte den Deckenventilator mit ins Liebesspiel einbauen, lernt auch hier, dass Brüche im Alter schlechter heilen und die Partnerin wegen lächerlicher Szenen hyperventilieren und die Lust verlieren könnte.

Die Frage, »Wie war ich?«, sollte an so mancher Stelle gerne rückwirkend mit Wertungstafeln aus dem Eiskunstlauf beantwortet werden. Technischer Wert. Künstlerischer Wert. Durchgefallen. Tschüss!

Ist es nicht eigenartig, dass man in der Jugend, in der man nach landläufiger Meinung den schönsten Körper hat, am unsichersten ist, was man damit anstellt? Ständig wird begutachtet, kritisiert und verglichen. Hat die Frau gegenüber die strafferen, größeren, schöneren Brüste? Ist mein Hintern rund, flach, groß, klein genug, um zu gefallen?

Wieso kann ich mein wirres Haar nicht genau so lässig hin und her werfen wie die Frau aus der Werbung?

Ist es nicht ein riesengroßer Blödsinn, dass die Priorität damals darauf lag, dem oder den anderen zu gefallen, statt etwas Schönes zu fühlen?

Bei der schönsten Nebensache der Welt wurden nicht vorhandene Bäuche eingezogen und Stellungen eingenommen, die scheinbare Schwachstellen verdeckten. So manche Frau machte sich tatsächlich Sorgen, ob der Anblick ihres Hammerzehs oder die Blinddarmnarbe sich negativ auf ihre »Bewertung« als Liebhaberin auswirkt.

Zusätzlich tat die extreme Fertilität zwischen Teenageralter und den Vierzigern ihr übriges. Entweder man wollte unbedingt Nachwuchs, dann gab es nicht selten Liebe nach Programm oder man wollte es vermeiden. In diesem Fall galt der ein oder andere Gedanke unter der Decke den Einnahmezeiten der Pille, dem Sitz des Kondoms oder der Belastungsfähigkeit des Pessars.

Wirklich hingeben konnte man sich auf diese Art und Weise nicht immer. Und so wurde – vor allem in jungen Jahren – mehr Wert auf die »Performance« oder den Zweck gelegt als auf das Gefühl.

Es war ein bisschen wie ein aussichtsloser Kampf. Bestes und leistungsfähiges Equipment, aber das eigentliche Ziel aus den Augen verloren.

Und – hurra! – das hat ein Ende, sobald man in seinen eigenen Körper quasi hineingereift ist.

Jenseits der vierzig, aber sicher mit fünfzig, wird hier so unfassbar Vieles entspannter. Natürlich gibt es auch noch späte Mutterschaften über fünfzig. Die Natur hat da schon noch den ein oder anderen Fallstrick platziert und lacht sich über eventuelle Überraschungen schlapp. Aber in der Regel ist die Familienplanung abgeschlossen und die Verhütung kein zu diskutierendes Thema mehr.

Die Wahl des Partners entscheidet sich an anderen Maßstäben als mit Mitte zwanzig. Und oft hat sie schon lange stattgefunden, und man hatte Gelegenheit, sich gemeinsam zu entwickeln.

Dinge werden nicht mehr getan, weil es von einem erwartet wird, sondern weil sie gefallen oder man herausfinden möchte, ob man dieses oder jenes mag. Man nimmt sich Zeit füreinander und für das, was man tut. Und in jedem Fall tritt auch ein gesunder Egoismus auf.

Ich bin nicht mehr das Showgirl, das beeindrucken will. Ich bin gleich die ganze Show, inklusive Management und Publikum. Niemand muss mir heute noch etwas vormachen. Und ich mache ebenfalls definitiv nichts vor. Kein Mann muss bei Laune gehalten werden, in dem man ihm für »Leistungen« applaudiert, die er (unter Umständen gar nicht) erbracht hat. Sex wird mit dem Alter, und vor allem in einer festen Partnerschaft, zu einem ausgewogenen Geben und Nehmen. Sex ist keine One-Man-Show (also in der Regel nicht) und kein Theaterprogramm.

Die sogenannte Reizwäsche von damals reizt mich heute bestenfalls zu einem fulminanten Lachflash. Untenrum hat sich immer irgendwas verwickelt oder gezwickt und obenrum gab es nicht den Halt, den ich jenseits der Pubertät gebraucht hätte. Stehend und bei Schummerlicht vermochte man in diesen »Hach-bin-ich-heute-sexy«-Outfits noch zu beeindrucken, aber bei allem, was danach kam, wundert es mich, dass sich nicht der ein oder andere Mensch im Hüftgürtel seiner Partnerin verheddert hat oder gar erdrosselt wurde.

Ab einem gewissen Alter kann man auch mal über sich und Situationen lachen, die einem früher unfassbar peinlich gewesen wären. Und man kann sich endlich auf das Wesentliche konzentrieren. Auf das, was es sein soll. Spaß, Lust, Leidenschaft, Gefühl und ein gemeinsames Glücklichsein.

Von Mann und Frau

– Wie Mann es nicht machen sollte

Es gibt Angebote, die überraschen. Es gibt Komplimente, die schmeicheln, und es gibt Menschen, die glauben, dass sie das Ende der Fahnenstange sind. Von denen sind meist weder die Angebote noch die Komplimente für mehr zu verwenden als zur Belustigung.

Über Geschmack lässt sich streiten, heißt es. Ich bin der Meinung, dass gerade Geschmack etwas ist, über das man sich im besten Fall köstlich amüsieren kann. Für einen Streit braucht es da schon ein bisschen mehr.

All diese herrlichen Ungleichheiten machen doch das Leben erst richtig bunt und lustig. Vor allem dann, wenn irgendetwas damit angestrebt wird. Zum Beispiel Coolness.

Ab wann ist cool wirklich cool und ab wann bloß noch Anlass zur Erheiterung? Ein freches Grinsen, ein Durch-die-Haare-Fahren und auch ein lässiger Gang haben etwas.

Nicht immer, aber manchmal wirkt das richtig sexy.

Wenn jemand natürlich permanent mit der Hand durchs lichter werdende Haupthaar streicht und dabei schaut wie ein Zweitklässler, der der Lehrerin ein Furzkissen auf den Stuhl gelegt hat, wirkt das Ganze schon völlig anders. Das ist wirklich nicht unbedingt cool.

Aber das mit dem Fremdschämen geht noch ein bisschen weiter.

Ich laufe durch die Stadt, auf der Suche nach ein paar Weihnachtsgeschenken für Leute, denen ich eigentlich nix schenken wollte. So ist es jedenfalls abgesprochen. Spaßig, wenn man dieselben Leute trifft, die sich wie ich über dieses eherne Gebot hinwegsetzen, weil die Schenkerei doch wieder Spaß macht. Und während ich so laufe, sehe ich einen Mann im besten Alter.

Sein Gang wirkt ein bisschen so, als hätte er Extensions im Schritt, die ihm bis zum Knie reichen. Die dauergewellte und toupierte Version. Und das bei einer Hose, die ihm gute zwei Nummern zu eng ist. Das schwarz gefärbte Haar hätte ihm in grau besser gestanden und die Veneers blinken wie Keramikteller. Auf jedem Zahn.

Er läuft, bleibt stehen und macht eine Art dezente Pose. Ich schaue mich um und suche eine versteckte Kamera. Aber da ist keine. Als er an mir vorbeiläuft, scheint mein etwas irritierter Blick ihn zu bestätigen. Er bleibt kurz stehen, zwinkert mir zu und sagt etwas in der Art wie: »Hallo Honey!«

Dabei stemmt er beide Hände in die etwas wellige Taille und spreizt das rechte Bein nach außen.

Ich nicke nur und gehe mit sanft fassungslosem Blick weiter.

»Chance vertan«, ruft er mir nach. Und mir ist klar, dass ich selten eine Chance so gerne vertan habe wie diese.

Der Kandidat will allen Ernstes cool sein. Aber er ist bloß lächerlich.

Cool ist authentisch. Egal, ob Rolli mit Pullunder oder Spitzenbluse zum Lederrock.

Cool ist nicht »Hallo Honey«. Mit einem Outfit, das schreit: »Ich will alles sein, bloß nicht der verklemmte Mittsechziger, der ich in Wirklichkeit bin.«

Nein, das ist nicht cool.

Noch weniger cool oder marginal charmant ist die Art, wie ich ein anderes Mal »erobert« werden soll.

Per Mail wird mir ein Kompliment gemacht oder zumindest etwas, das für eines gehalten wird.

»Hallo du Hübsche (ich sage jetzt einfach mal du, weil wir sind gleich alt). Ich habe dich in der Zeitung gesehen und muss dir sagen – prima gehalten. Und weil ich nicht gerne lange herumrede, möchte ich dich zum Essen einladen. Netter Abend unter Erwachsenen. Nur du und ich und ein bisschen Spaß. Sag mir, wann es passt. Nächsten Montag wäre gut. Ich kann dich auch abholen. Bis dann. Helmut.«

Seit Facebook und Messenger kommt man um solche Nettigkeiten kaum noch herum. Bisweilen kann Frau schon froh sein, wenn im Anschreiben nicht gleich noch Fotos von Körperteilen in unterschiedlichen Zuständen mitgeschickt werden.

Nun hat Helmut sich also in den Kopf gesetzt, mich zum Dinner auszuführen und vermutlich noch für ein bisschen »Spaß« bei sich zu behalten. Ganz einfach, weil er irgendwo etwas über mich gelesen oder auch nur mein Bild und meinen Namen abgespeichert hat.

Normalerweise reagiere ich auf solchen Blödsinn gar nicht mehr, aber dieses Mal lasse ich mich hinreißen.

»Lieber Helmut. Herzlichen Dank für das respektvolle Kompliment. »Prima gehalten« entspricht genau der Einschätzung, die bei mir aber leider gar keine Vorfreude auf spaßige gemeinsame Momente mit Ihnen weckt. Und auch ich rede nicht gerne herum. Meine Abende verbringe ich in der Regel mit meiner Familie oder mit Freunden, und mit denen habe ich nicht nur »ein bisschen Spaß«, sondern eine richtig gute Zeit. Ihre charmante Einladung zum Essen muss ich dementsprechend leider ablehnen. Also nicht nur für Montag, sondern für jeden ab heute kommenden Tag. Ich wünsche Ihnen viel Erfolg bei anderen Damen, die Sie vielleicht mal in der Zeitung sehen. Da gibt es noch viele mehr, die sich ganz prima gehalten haben und sicherlich nur auf solch eine überzeugende Mail warten. Guten Hunger.«

Schon als ich auf *Absenden* drücke, ist mir klar, dass ich es besser hätte lassen sollen.

Diese Art von ungewollter Brieffreundschaft entwickelt sich nämlich nahezu immer zu einem einseitigen beleidigten Verbalkampf.

Es dauert auch gar nicht lange, bis bei mir wieder der Nachrichten-Knopf leuchtet.

»Du arrogante Ziege. Da ist man ein bisschen nett zu euch, damit die alten Weiber Spaß bekommen und dann tust du so, als ob du noch groß die Wahl hast. Bei mir hast du jetzt jedenfalls verschissen. Ich kann jede Neunzehnjährige im Bett haben. Da braucht es keine Alte wie dich. So toll siehst du auch wieder nicht aus. Also, vergiss es und komm bloß nicht noch mal angekrochen. Servus! Helmut.«

Oha. Da hat es den Helmut aber mal richtig mitgenommen. Diesen Fan bin ich wohl nachhaltig los. So exorbitant kann kein physisches oder emotionales

Defizit sein, dass ich mir einen solchen Menschen in der Nähe wünschen könnte. Da ich auch der jüngsten und unreifsten Frau auf diesem Planeten die Weitsicht attestiere, den Helmuts dieser Welt aus dem Weg zu gehen, muss ich grinsen.

Mit fünfzig wird mir nun also nicht mehr nur unterstellt, bald nicht mehr alleine die Treppe raufzukommen, sondern auch noch unter einem altersbedingten sexuellen Defizit zu leiden. Und dieses hätte ich nun von diesem gleichaltrigen Charmebolzen stillen lassen können.

Sozusagen ein Gnadenstoß. Ich muss lachen.

Wieso glaubt ein Mann über fünfzig, dass er für Frauen seiner Altersgruppe eine Art Beglücker darstellen kann? Und noch schlimmer, welchen Reiz übt er seines Erachtens auf die ganz jungen Frauen aus?

Ich lösche die Mail, bevor ich dem Reiz erliege, den guten Helmut noch ein bisschen weiter zu provozieren. Es würde nichts bringen. Es heißt, in der Pubertät hängen die Jungs den Mädchen ein paar Jahre hinterher. Bei Helmut ist es offenbar noch heute so.

Die besten Jahre

– Hurra, wir leben noch

Man kann nahezu die gleichen Dinge feiern, die man bei schlechter Stimmung auch beweinen könnte. Das kann der Schritt in die Rente sein oder der Beginn der Wechseljahre oder auch das Leben als Mutter, deren Kinder längst flügge sind. Es gibt unendlich viele Möglichkeiten, seinem Leben bei Richtungswechseln neue Perspektiven zu geben. Aber wenn man keine unnötigen Falten bekommen will, sollte man es immer mal kurz mit einem Lächeln versuchen. Vielleicht wird ja mehr draus. Vielleicht sogar ein herzhaftes Lachen.

Ja! Früher – oder besser – als Teenager habe ich geglaubt, das Leben werde jenseits der Zwanziger dröge und spießig und jenseits der vierzig sei es völlig vorbei. Langweiliges Warten auf den Platz in einer hübschen Urne und ansonsten zuschauen, wie das Jungvolk auf die Pauke haut.

Dabei ging der Spaß doch dann erst richtig los.

Ich hörte restlos auf, mich ständig mit anderen zu vergleichen.

Der einzige Mensch, dem ich gefallen muss, bin ich selbst. Basta! Meistens tu ich das sogar, und wenn nicht, komme ich auch damit zurecht. Wenn andere toll sind, freut mich das von Herzen und verstört mich nicht.

Ich bin so erwachsen, wie es eben nötig ist, und finde mich prima.

Und das Allerbeste ist, dass es den Frauen in meinem Umfeld oft ganz genauso geht. Keine, oder nur sehr wenige von ihnen, wurden mit dem goldenen Löffel im Mund geboren und keine blieb vor Krankheiten, Zipperlein, Leid, Unglück und Glück verschont.

Ich kenne Frauen, die ihre Karriere in der Politik, Forschung, Wirtschaft, Familie oder als Verkäuferin im Kurzwarenhandel gemacht haben. Und alle haben ihre Geschichte.

Wenn wir uns treffen, haben wir den Spaß, den wir wollen und nicht den, den man »haben sollte«.

Manchmal sehen wir uns beruflich, manchmal auf einen schnellen Kaffee zwischen Tür und Angel und hin und wieder gehen wir aus.

Wie an jenem Freitagabend.

Ich verabredete mich mit vier Frauen aus meinem näheren Bekanntenkreis zum Sushi und plante gar nicht weiter. Zwischen Wasser, Wein und Bier brachten wir uns gegenseitig auf den neuesten Stand, was unsere Leben angeht. Wer liebt wen? Wer scheiterte und brauchte Trost? Wer hatte Grund zu feiern?

Wir redeten wild. Lachten laut, sprachen ehrlich und hatten jede Menge Spaß.

Kaum satt, entschlossen wir uns, noch eine Bar weiterzuziehen. Der Abend war jung und auf keine von uns warteten irgendwelche nicht aufschiebbaren Verpflichtungen.

Die Frau, die uns die Rechnung brachte, nannte uns einen Club ganz in der Nähe.

»Sagt ihnen schöne Grüße von Annette.«

Machen wir! Und wenn Annette nicht im Sushi-Laden hätte abrechnen müssen, wäre sie wahrscheinlich sogar mitgekommen. Unser alter Freigeist. Passt!

In der Bar drehten wir noch ein bisschen weiter auf. Dafür musste keine von uns nackt auf den Tischen tanzen. Nein, nur erzählen, was unsere Leben so ausmachte. Offen und ehrlich.

Der Satz des Abends kam von einer Ärztin aus unserer Mitte, die sich schon seit der Begrüßung ständig Luft zufächelte.

»Ich habe ein Recht auf mein Klimakterium.«

Ich fiel fast vor Lachen vom Stuhl, als ich das hörte.

Susanne war die Älteste unter uns, hatte wunderschöne braun-blond graue Haare und zauberhafte Lachfalten um die Augen. Und einen kleinen batteriebetriebenen Ventilator in der rechten Hand, der permanent lief. Nach eigenen Angaben hatte sie noch weitere batteriebetriebene Gegenstände in der Tasche, aber darauf wollten wir in dem Moment nicht weiter eingehen.

An diesem Abend war mir wieder klar, dass egal, was auf mich zukommen mochte, nichts von meinem Alter abhing.

Also von meinem Alter als Zahl. Es wäre vermessen zu behaupten, dass die Jahre nicht auch Probleme mit sich brachten. Aber musste mich das in meinem Selbstwert oder in meiner Lebensfreude schon rein prophylaktisch ausbremsen? Nein! Ganz sicher nicht!

Vielleicht sollten die Wechseljahre und das Erwachsensein eher als Chance betrachtet werden. Ja! Es ändert sich was, aber vielleicht wird es Dinge geben, die sich zu etwas ganz Fantastischem ändern. Die fünfzig von heute ist meiner Meinung nach zwar nicht die dreißig von gestern, aber wir haben heute in der Tat bessere Möglichkeiten als unsere Mütter und Großmütter. Wir sind informierter, selbstbewusster, gesünder, fitter und unabhängiger als je zuvor.

Wir drei Jüngeren aus unserem lebhaften Quartett hatten das Gefühl, dass die Wechseljahre für uns eindeutig für einen Wechsel in noch bessere Zeiten stehen müssten. Zumindest in weiten Teilen. Und so wollten wir leben und uns an diesem Abend auch ein bisschen feiern.

Sabine, die Kleinste von uns, sprach eine Gruppe jüngerer Gäste an, damit sie mal ein Foto von uns machen.

»Mach's ordentlich!«, sagte sie dem, der am Nachbartisch stand und mehr als einen Kopf größer war als sie selbst, während sie ihm ihr Handy in die Hand drückte.

»Bedenke, wir könnten deine Mutter sein!«

Hochmotiviert lief der junge Mann rot an und machte ein Foto nach dem anderen. Danach setzte er sich hin und tippte auf seinem Handy herum.

Vielleicht mochte er sich nur davon überzeugen, dass seine eigene Mutter zuhause war und nicht gerade in irgendwelchen Bars Leute um ein Foto bat.

Bei einem Cocktail, der tatsächlich »Girls-night-out« hieß, amüsierten wir uns zum Abschluss über alles, was unser und anderer Frauen Leben oft unnötig schwer machte. An diesem Abend gab es nur die Sonnenseite des erreichten oder nicht erreichten Klimakteriums.

Und als ich zwei Stunden später auf dem Heimweg war, grinste ich übers ganze Gesicht. Was für wunderbare Frauen. Was für ein tolles Leben. Was für ein großartiger Abend.

Als Ende der 90er die Serie »Sex and the City« herauskam, ging ich nicht davon aus, dass es solche Momente wirklich geben könnte. Momente im Alter, die nicht von Schwermut über das, was hinter einem lag oder nicht erreicht wurde, geprägt waren. Momente, die sich nicht mit den Verlusten oder Schmerzen der Vergangenheit auseinandersetzten.

Heute weiß ich es genau. Das echte Leben als echte Frau kann noch viel besser sein als jeder Film!

Wenn man es denn so will und wenn es einem gelingt, es zuzulassen.

Erfahrungen

– Drei Fragen an die Frau über fünfzig

Die Welt ist voll von uns. Von Frauen über fünfzig in den unterschiedlichsten Berufen und Lebensphasen. Und so forderte ich meine Freundinnen und Bekannten via Facebook auf, ihre Sicht der Dinge darzustellen. Natürlich hätte jede von ihnen Geschichten aus ihrem Leben erzählen können, die wiederum ganze Bücher gefüllt hätten, deswegen beschränkte ich mich auf drei Fragen.

1. Habt ihr erreicht, was ihr euch vorgenommen habt beziehungsweise seid ihr jetzt die, die ihr mal werden wolltet?

2. Was würdet ihr eurem Teenager- oder Twen-Ich raten, wenn ihr kurz zurück in der Zeit könntet?

3. Was macht die Frau Ü50 heute aus?

Die Fragen sollten jeweils mit ein bis drei Sätzen beantwortet werden, was den meisten auch gelang. Und wenn die Antwort doch mal etwas länger ausfiel, war sie spannend und spiegelte die Frau wider, die sie gab. Die Antworten auf meine Fragen waren genau so unterschiedlich, wie wir es sind.

Anne Seidel, 57, Filialleiterin in der Modebranche

1. Ich habe viel erreicht, mein Leben ist mittlerweile so, wie ich es mir vorstelle. Allerdings bin ich immer noch nicht da angekommen, wo ich hinmöchte.
2. Ich würde mir raten, gelassener in den Tag zu gehen, sich reale Ziele zu setzen und diese immer im Auge zu behalten. Immer alles zu geben, aber nicht mit aller Gewalt, um im Leben und Beruf etwas zu erreichen. Mädchen sollten sich nie ihre Selbstständigkeit nehmen lassen. Sie sollten immer auf eigenen Beinen stehen und sich nie vom Partner abhängig machen lassen.
3. Die Frau Ü50 ist vitaler als unsere Mütter früher. Wir haben mehr Möglichkeiten, als es Frauen früher hatten. Uns sind im Prinzip keine Grenzen gesetzt. Die Frau Ü50 heute ist die Frau 30plus damals.

Uta Dahl, 52, Fotografin

1. Der Weg ist das Ziel. Ich habe mir immer alles offengelassen und fand es spannend, jeden Weg auszuprobieren. Deswegen kann ich schon sagen, dass ich alles erreicht habe, was ich mir vorgenommen habe. Nie die Freude und Neugier am Leben zu verlieren. Ich bin immer noch dieselbe, nur mit ein bisschen mehr Lebenserfahrung.
2. Don't worry too much sometimes. Everything is gonna be alright and will turn out nicely.
3. Fünfzig ist das neue Dreißig. Wir sind selbstbewusst, fit, reich an Erfahrung und Weisheit, aber noch knackig genug, um um die Häuser zu ziehen.

Jutta Spang, 60, Schulleiterin

1. Ja, ich bin Schulleiterin und habe damit meine Karriere im Beruf gemacht. Jetzt will ich aber meinen ursprünglichen Traum verwirklichen und nehme eine CD mit meinen eigenen Liedern auf.
2. Ich würde keine Rücksicht mehr auf einen Partner nehmen, wenn es um die Verwirklichung meiner Ziele geht.
3. Ich bin heute selbstbewusst, vergleiche mich nicht mehr mit anderen Frauen und bin sehr wählerisch, was potenzielle Beziehungspartner anbetrifft (da ich sehr gerne alleine bin und damit gut klarkomme). Ich bin selbstständig und relativ unabhängig und ich bin geduldiger geworden, denn was zu mir kommen soll, das kommt sowieso.

Tanja Haberle, 53, Groß- und Einzelhandelskauffrau

1. Ich wollte nie werden wie meine Mutter. Das ist mir gelungen.
2. Mein Rat an die zwanzigjährige Tanja? Mach nicht jeden Scheiß mit! Sag häufiger mal ohne schlechtes Gewissen »Nein!« und riskiere ein bisschen mehr! Und reise viel, viel mehr!
3. Die Frau über fünfzig ist heute raffinierter, gesundheitsbewusster, weiß, was sie will und ist trotzdem manchmal noch viel zu verkopft.

Marlene Meier-Daniels, 78, pensionierte Lehrerin

1. Ich konnte mir meinen Mädchentraum, eine Familie zu gründen und Kinder zu bekommen, erfüllen,

auch wenn meine Ehe nicht gut lief und später scheiterte. Mit Mitte dreißig gelang es mir endlich auch, meinen beruflichen Traum umzusetzen. Ich begann zu studieren und war mit zweiundvierzig Jahren glückliche und verbeamtete Lehrerin. Noch heute, lange nach meiner Pensionierung, unterrichte ich gerne und regelmäßig an einer Privatschule. Mir ist wie vielen Frauen im Leben viel Gutes und Schweres widerfahren (vielleicht ein bisschen mehr Schweres als vielen anderen), aber ich habe gelernt, damit umzugehen und bin ein positiv denkender Mensch geworden, der trotz allem gerne lacht und fröhlich ist.

2. Meinem zwanzigjährigen Ich würde ich folgendes raten: Überlege Dir genau, was Dir wirklich wichtig ist und verfolge Deine eigenen Ziele!
3. Die Frau jenseits der fünfzig ist heute selbstsicher, gepflegt und attraktiv. (Aber leider längst nicht alle)

Rosa Phillips, 61, Kassiererin

1. Ich habe mir nie viele Gedanken gemacht, was ich mal werden will. Das Leben hat es gut mit mir gemeint. Ich bin Witwe, bin gesund und habe drei gesunde Kinder und vier Enkel. In meinem Beruf bin ich glücklich, auch wenn ich lieber etwas mit Tieren gemacht hätte.
2. Mach dir keine Sorgen. Der Mensch denkt und Gott lenkt. Sei zufrieden, wenn du und deine Menschen gesund sind.
3. Sie ist erwachsen und hat Spaß. Manchmal sogar mehr Spaß als früher.

Heike Krug, 58, Zahnärztin

1. Ich habe Zahnarzthelferin gelernt und gemerkt, dass mir das auf Dauer nicht reicht. Ohne finanzielle Unterstützung meines Vaters habe ich das Fachabitur und dann das Vollabitur gemacht. Mein Vater meinte nur: »Das kannst du gar nicht schaffen. Arbeiten und gleichzeitig zur Schule gehen.« Ich habe es geschafft und bin heute Zahnärztin in eigener Praxis. Ich bin heute immer noch unheimlich stolz auf mich, auch wenn ich keine Kinder habe. Mein Spruch ist immer: Man kann nicht alles im Leben haben.
2. Nie unterkriegen lassen. Immer seinen Weg gehen und sich was zutrauen. Seine Träume versuchen, zu verwirklichen. Alles ist möglich und zu schaffen.
3. Als Frau über fünfzig finde ich mich heute besser aussehend als mit vierzig. Ich lebe bewusster, treibe Sport, achte auf mich. Auch wenn meine Ehe leider auf der Strecke geblieben ist, fühle ich mich rundum gut und sexy. Ich bin oft über meinen eigenen Schatten gesprungen, aber es hat sich gelohnt. Ich bin wirklich für mich selbst verantwortlich und das ist schön so.

Barbara Schneider, 57, Hartz-IV-Empfängerin

1. Nein, bin ich nicht. Aber ich bin nicht unzufrieden. Das Beste, was mir super gelungen ist, sind meine Jungs.
2. Macht es genauso nochmal!
3. Die Frau Ü50 ist selbstbewusst, sexy, begehrenswert und steht mit beiden Beinen mitten im Leben.

Sandra Brock, 51, Tanzschulinhaberin und Lehrerin für orientalischen Tanz

1. Hm, also ich wollte immer was machen, womit ich was bewege. Nicht irgendeinen Job. Und dann wurde ich im ersten Leben Bürokauffrau. Tja, ich würde mal sagen: Komplett vorbei ist auch daneben. Ich wusste auch nicht wirklich, was ich mal werden wollte. Alles hat sich entwickelt, nicht alles war geplant. Aber ich bin auf jeden Fall die, die ich jetzt sein will.
2. Immer auf mein Bauchgefühl zu hören.
3. Ich kann da nur für mich sprechen. Was mich ausmacht, ist die Gewissheit über das, was ich kann, wo meine Grenzen sind und dass ich diese auch akzeptiere.

Ellen Wunderlich, 68, Reiseleitern

1. Leider habe ich nicht die Kinder bekommen können, die ich mir gerne gewünscht hätte. Im Gegenzug konnte ich dafür frei und unabhängig die Welt entdecken. Ich bin heute eine ganz andere, als ich es mir früher vorgestellt habe. Aber ich fühle mich gut damit und bin mit mir zufrieden.
2. Meinem jugendlichen Ich würde ich gerne raten, sich weniger vorzunehmen, weniger zu planen und mehr zu leben. Es erfüllen sich nicht alle Wünsche. Das ist so. Basta. Man muss das Beste machen, aus dem, was man bekommt. Und das ist meist mehr, als man glaubt.
3. Die erwachsene Frau weiß, dass man sich keine Kuh kaufen muss, wenn man hin und wieder

Milch trinken will. Ich bin eine ungebundene Frau, die sich ohne schlechtes Gewissen einmal in der Woche mit einem Mann trifft, bloß um ein paar schöne Stunden zu verleben. Die Sehnsucht nach Nähe bleibt auch im Alter erhalten.

Isabella Glück, 56, Fitnesstrainerin

1. Wenn ich geahnt hätte, dass mein Leben so bunt und abwechslungsreich wird, hätte ich mir viel weniger Sorgen gemacht. Heute bin ich fitter, in jeder Hinsicht aktiver und deutlich egoistischer als mit dreißig.
2. Lass dich gehen und denk nicht so viel nach. Du bist besser, als du glaubst, und wer dich nicht mag, ist selbst schuld!
3. Die Frau mit über fünfzig ist so, wie sie es sich mit zwanzig nie erträumt hätte. Cool, selbstbewusst, fokussiert und zu allem fähig.

Alexandra Pütz, 53, Lehrerin

1. Ob ich erreicht habe, was ich erreichen wollte? Nein! Ich wollte nie ein Haus und heiraten. Ich habe beides getan und bin glücklich damit. Ich wollte auf keinen Fall Lehrerin werden, ich bin es geworden und liebe meinen Job! Ich wollte nur über Vernunft mit meinem Sohn kommunizieren/agieren, aber Pubertät und Vernunft ist ein unlösbarer Widerspruch.
2. Was man Teenagern raten kann? Live your Life!!
3. Die heutige Frau Ü50 genießt ihre Freiheiten in vollen Zügen bis hin zur Narrenfreiheit. Sie ist

lebensfreudig und neugierig. Ach ja, und hin und wieder hat sie weniger Haare als in ihrer Jugend, reagiert darauf aber nicht gleich mit einem Nervenzusammenbruch.

Silke Molzberger, 50, bürokaufmännische Angestellte

1. Erreicht habe ich ein Einfamilienhaus, ein rotes Auto – so, wie ich es als junges Mädchen erträumt habe – einen wunderbaren Mann mit Macken und tolle Kinder mit Macken.
2. Meinem Teenie-Ich würde ich raten, zu studieren und mit achtzehn Kinder zu bekommen.
3. Die Frau um die fünfzig heute ist gelassen, jung, frisch, belastbar, aktiv und liebt den Sex. Vor allem, weil sie nicht mehr schwanger werden kann. Sie schaut zurück und freut sich über Freunde aus der Kindheit und Jugend. Sie nimmt das Leben wahr und reist gerne. Sie trifft sich mit Freunden und engagiert sich sozial. Sie liebt das Leben.

Vera Franke, 56, Lehrerin

1. Ich wollte Lehrerin werden. Das habe ich erreicht und bin glücklich damit.
2. Das Schwierigste im Leben ist eine Beziehung. Ich würde mir raten, eine enge Bindung so lange wie möglich hinauszuzögern und das Freisein zu genießen.
3. Die Frau über fünfzig fühlt sich wie zwanzig, steht mitten im Leben und ist selbstbewusst. Manchmal ist sie auch Mutter von vier Kindern. So wie ich.

Was haben wir gelernt?

– Die Zeit meines Lebens

Es muss ja nicht alles, was wir im Leben so mit uns nehmen, eine tiefsinnige Lehre sein. Manches ist ganz einfach nur erstaunlich, anderes wiederum überraschend und ganz vieles ist Entertainment pur.

Was haben wir denn so alles gelernt in unserem Leben im Allgemeinen und unserem Leben als Frau im Speziellen?

Da wird es doch weit mehr geben als die Erkenntnis, dass man jenseits der vierzig nur noch mit fest geschlossenen Beinen niest.

Da gibt es zum Beispiel die unerklärliche Leichtigkeit des Seins. Genauer gesagt, die Leichtigkeit, mit der man die Veränderungen des Körpers akzeptiert. Man hatte bis Mitte zwanzig noch eine knackige Figur, konnte diese aber nicht genießen, weil die Arbeitskollegin eine noch viel knackigere Figur hatte? Alles Geschichte!

Frauenkörper sind einfach nicht dafür gemacht, bis zur eigenen Bestattung mit einer prallen 75 DD und drahtigen Oberarmen zu beeindrucken. Frauen bekommen Kinder oder auch nicht. Aber was sie definitiv bekommen, ist schwächelndes Bindegewebe. Alle. Ohne Ausnahme. Manche früher, andere später. Die eine stärker, die andere schwächer. Keine Frau fühlt sich jenseits der fünfzig so (an), wie sie es mit zwanzig tat. Und das ist gut so. Denn wenn physische Veränderung mit der dazugehörigen Akzeptanz einhergeht, sind Frauen über fünfzig absolut unschlagbar. Sie sind weicher, weiblicher. Sie werfen sich nicht mehr in jeden Wettkampf mit anderen Frauen, bei dem sie nur verlieren können, und wenn es bloß die eigene Würde ist. Sie betrachten andere Frauen nicht mehr als unmittelbare Konkurrenz, denn sie wissen, dass sie konkurrenzlos sind.

Ihr Selbstbewusstsein macht sie viel sexyer, als es jeder knackige Hintern, jeder aufgeworfene Schmollmund je könnte. Die zurückliegenden Jahre verleihen ihrem Blick etwas Wissendes, Geheimnisvolles.

Das alberne Rumgestakse auf zu hohen Plateaus ist schon lange einem Gang gewichen, der selbst in Gummistiefeln erotischer und selbstbewusster wirkt.

Ein gutes Glas Wein geht genauso wie ein großes Weißbier. Ständig wechselnde Trendgetränke sind für Anfänger, die eben noch nicht wissen, was sie wollen und was ihnen schmeckt. Über verschmierten Lippenstift einer anderen Frau wird nicht gelacht, sondern es wird ihr diskret und mit einem Lächeln mitgeteilt. Das gilt auch für Laufmaschen, Klopapier am Absatz und der Tatsache, dass der Typ an ihrer Seite ein Idiot ist, der alle seine Aufrisse in die Welt hinaus tratscht.

Generell freut man sich nicht mehr über jeden Kerl, der äußert, dass er einen ganz schrecklich scharf findet, sondern wendet sich häufiger mal amüsiert ab und ist sich zügig darüber im Klaren, was man nicht will. Und vor allem wen.

Nicht jede Krise ist ein Weltuntergang, und wenn es doch einer ist, wissen wir, welcher Wein am besten dazu schmeckt.

Als Teenager ging ich davon aus, dass mein Leben jenseits der dreißig vorbei ist und ich ab fünfzig nur noch mit anderen Pre-Rentnerinnen auf den Wechsel der Jahreszeiten warte. Oder dass ich meinen Kindern Geld biete, damit sie mich beim Stützstrumpfkauf begleiten. Alles Käse.

Heute bin ich neugieriger, spannender, gespannter, interessierter und interessanter als je zuvor.

Wenn ich eines nicht mehr bin und sein mag, ist es ein Mädchen. Ganz einfach, weil ich kein Mädchen mehr bin. Nicht, wenn es ums Geldverdienen geht, nicht, wenn es ums Autofahren, politisches Interesse oder das In-die-Hände-Nehmen meines Lebens geht. Ich bin kein Mädchen, kein Girlie und kein süßes Hasilein, das von wem auch immer beschützt werden muss oder möchte. Ich bin eine erwachsene Frau, der man nicht sagen muss, ob sie bei Gelb noch über die Ampel gehen darf oder nicht.

Mit den Jahren habe ich gelernt, dass es etwas gibt, das besser ist als »noch viel besser«. Und das ist schlicht und ergreifend »gut«. Wenn mir »gut« gefällt, wird alles besser. Wenn ich immer nur dem »Besser« hinterherjage, wird mir alles »Gute« nicht reichen. Eigentlich frustrierend, oder?

Wenn ich jetzt morgens aufstehe, merke ich hin und wieder mein Knie oder meinen Nacken. Manchmal entdecke ich auch ein neues graues Haar. Und dann denke ich: »Habe ich nicht tolle Knie und einen Nacken zum Anbeten? Ich finde mich prima! Und für das graue Haar gibt's günstige Ansatzfarbe.« Alles kein Problem, wenn man erwachsen ist.

Und dann frage ich mich: Wenn die Fünfziger schon so aufregend sind, wie genial muss erst der Rest des Lebens werden?

Danke!

Ich bedanke mich von Herzen bei allen, die mich beim Altern und Reifen begleitet haben, egal in welchem Land und an welchem Ort. Mögen eure Tage und eure Nächte voller Leben sein.

Danke an meine Kinder Nicky und Noémi, dass sie ihre Mutter durch die Gluckenphase, die Peinlichkeits-Periode und während des Abnabelungsprozesses allezeit liebevoll begleitet haben.

Danke an Mutti, die vermutlich noch mit hundertzwanzig auf Ideen kommt, die sich sonst keiner traut. Du warst und bist eine bessere Mutter, als du glaubst.

Danke an meine Schwestern Carmen und Angela, meinen Bruder Ronny, Nichten und Neffen, die mein Leben in jedem Moment bereichert haben.

Danke im Voraus an meine noch nicht geborenen Enkel. Ich freue mich jetzt schon darauf, dass ihr mir nicht übelnehmt, wenn mal wieder jemand eure Oma bei einer Demo oder einem Heavy-Metal-Konzert eingesammelt hat.

Danke an Rudi, der mir mit Kommentaren aus der Hängematte das Vorlesen der neuen Kapitel versüßt und der keine Angst vor der Frau hat, die ich bin.

Danke auch an meine Freundinnen, mit denen ich durch dick und dünn gehen konnte und danke auch an meine Bekannten, die immer mal wieder Glitzer in mein Leben gestreut haben.

Danke an alle, die mich über kurze, lange oder ewige Zeit in ihrem Leben begleitet haben.

Danke an meinen Verlag.

Danke an all die permanenten oder auch sporadischen Korrekturleser, die Motivatoren und sich selbst wiedererkennenden.

Ein dankbares »Entschuldigung allen, denen ich mit diesem Buch zu nahe oder auf den Schlips getreten bin. Es war keine böse Absicht.«

Und danke an all die Frauen, die mit ihren Erfahrungen zur Entwicklung dieses Buches beigetragen haben. Jede von euch ist ein vom Leben geformter Diamant. Es ist wunderbar, dass es euch gibt.

Die Autorin

Manuela Thoma-Adofo, geboren 1967 in Leipzig, ist Schriftstellerin, Journalistin, Miss Germany 50+, Model und seit mehr als zwanzig Jahren ehrenamtliche Hospizhelferin.

Mit ihren Büchern »Der Fall A.«, „33 Grausamkeiten I – k(l)eine Gute-Nacht-Geschichten«, »33 Grausamkeiten II – (Alp-)Träume für jedermann«, »Auf dem Weg, den niemand kennt« und weiteren bringt sie Menschen zum Lachen, Gruseln und Mitfühlen.

Sie lebt mit ihrem Partner, zwei eigenen und drei »Bonuskindern« vor den Toren Münchens und steht, nach eigenen Angaben, mitten im Leben und trotzdem gern mal »völlig neben sich«.